大陸現代小說小史

唐翼明 著

現代文學研究叢刊
文史哲出版社印行

國家圖書館出版品預行編目資料

大陸現代小說小史 / 唐翼明著. -- 初版. --
臺北市：文史哲, 民 96.11
　頁：　公分. -- (現代文學研究叢刊; 29)
含參考書目
　ISBN 978-957-549-751-4 (平裝)

1.中國小說 2. 現代小說 3.文學評論

820.9708　　　　　　　　　　96022090

現代文學研究叢刊　29

大陸現代小說小史

著　　者：唐　　翼　　明
出 版 者：文　史　哲　出　版　社
http://www.lapen.com.tw
登記證字號：行政院新聞局版臺業字五三三七號
發 行 人：彭　　正　　雄
發 行 所：文　史　哲　出　版　社
印 刷 者：文　史　哲　出　版　社
臺北市羅斯福路一段七十二巷四號
郵政劃撥帳號：一六一八〇一七五
電話886-2-23511028 · 傳真886-2-23965656

實價新臺幣二二〇元

中華民國九十六年(2007)十一月初版

自　序

　　這本小書是為想對大陸現代小說（這裡說的「現代小說」是狹義的，即指 1918-1976 年的作品，不包括改革開放以後近三十年的小說）有所了解的臺灣青年所寫的，所以卑之無甚高論，只是平平實實地介紹幾個我以為有代表性的作家及其代表作，藉此為中國現代小說描繪出一個最簡單的輪廓。代表作除了魯迅之外，通常只選一篇，也是為了「濃縮」之故，現代青年要學的東西太多，動輒幾百頁的大部頭會使他們望而卻步，就是買了，結果也只成為書架上的裝飾品。

　　書的主要內容是文本分析，這或許有點老派，但我堅持認為文學研究的核心是文本的鑑賞。一切離開文本的理論搬演、術語合唱或能指的嘉年華，雖然熱鬧而時髦，終究是經不起考驗的野狐禪，或者乾脆就是皇帝的新衣。

　　對於作品，好便好，不好便不好，我願意向讀者說出我真實的感覺，而雅不喜時下頗流行的「詮釋學」，雲山霧罩地「詮釋」了半天，卻不肯說出（或說不出）作品到底好還是不好，或者把明明是三、四流的作品詮釋成偉大的傑作，不知是缺乏判斷力還是意識形態在作祟。

　　新書出版時作者照例要寫幾句話或請人寫幾句話在前面，我也未能免俗，就寫這幾句充數吧。

二○○七年十月二十七日

大陸現代小說小史

目　　錄

第一章　現代小說導論

一、文學革命與現代小說

中國的現代文學發端於 1917 至 1919 年間由胡適、陳獨秀等人倡導的「文學革命」，作為現代文學最重要的一個文類的小說自然也應該溯源到這裡。

1917 年 1 月，胡適在陳獨秀主編的《新青年》雜誌上發表了〈文學改良芻議〉一文，同年 2 月，陳獨秀在《新青年》次期上發表〈文學革命論〉，與胡適相呼應。一場當時雖不見得轟轟烈烈，但對後來卻影響極其深遠的「文學革命」於是拉開了序幕。

胡適在〈文學改良芻議〉一文中提出了八項主張：

一曰，須言之有物。

二曰，不摹仿古人。

三曰，須講求文法。

四曰，不作無病之呻吟。

五曰，務去爛調套語。

六曰，不用典。

七曰，不講對仗。

八日，不避俗字俗語。[1]

陳獨秀在〈文學革命論〉一文中則高唱「三大主義」：

一、推倒雕琢的阿諛的貴族文學，建設平易的抒情的國民
　　文學；

二、推倒陳腐的鋪張的古典文學，建設新鮮的立誠的寫實
　　文學；

三、推倒迂晦的艱澀的山林文學，建設明瞭的通俗的社會
　　文學。[2]

這些主張立刻得到錢玄同、劉半農、傅斯年等人的贊同，先後在《新青年》上發表了一系列響應的文章，他們的矛頭都指向被中國知識階層使用了二千餘年，奉為文學正宗的「古文」，即「文言文」，而主張實行言文合一，以白話文為文學正宗。過了一年零三個月，胡適又發表了〈建設的文學革命論〉（《新青年》1918年4月號），明確地提出了「建設新文學」的口號，並把他原先的八項主張改寫為4條更明確更積極的原則：

一、要有話說，方才說話。

二、有什麼話，說什麼話。

三、要說我自己的話，別說別人的話。

四、是什麼時代的人，說什麼時代的話。[3]

他說他的宗旨就是要創造「國語的文學」，並由此造就「文學的國語」。他並且詳細地討論了實現這個宗旨的步驟及途徑，其

---

1 趙家璧主編：《中國新文學大系‧建設理論集》，台北：業強出版社，1990年3月，頁34。
2 同上，頁44。
3 同上，頁128。

中最要緊、最有決定意義的一條是提倡用白話創作各體文學作品。胡適自己身體力行,「自誓三年之內專作白話詩詞」(胡適 1917年 4 月 9 日與陳獨秀書),同時還嘗試用白話寫論文,作戲劇,一時有志者群起仿傚,白話詩、散文、小說、戲劇相繼出現,在很短的時間內,以白話創作各體文學作品便成為新的潮流,雖然也有一些反對的意見,但都顯得微弱而迂腐,無法與這股新潮對抗。1917 年發生的五四愛國運動,多少受到這個新文學運動的影響,同時又反過來推動這個新文學運動更迅速更深入地向前發展。到1920 年,教育部明令用白話文作小學一、二年級的教材,「文學革命」便可說已取得了初步的勝利。

在白話文創作的各體文學作品中,最早取得優異成績,並為爾後新文學運動的勝利進軍奠定良好基礎的文類是小說。魯迅1918 年 5 月在《新青年》雜誌上發表的〈狂人日記〉,運用純熟的白話,採用西方小說的表現技巧,表達全新的主題,聳觀動聽,發人深思,贏得一片喝采。〈狂人日記〉因而成為中國現代小說的開山之作。

2、現代小說的先聲 ── 「新小說」與「翻譯小說」

在新文學運動中,小說最先締造佳績,並不是一件出人意外的事。在文學革命前,中國的白話小說其實已經存在很久。最早的短篇白話小說可以追溯到宋代的「話本」,甚至唐代的「變文」,而元明之際又出現了像《三國演義》、《水滸傳》、《金瓶梅》這樣優秀的長篇白話小說,清代則有《紅樓夢》。而直接作為現代小說的先聲的則是戊戌變法後在康有為、梁啟超等人倡導下大量出現

的「新小說」與「翻譯小說」。

　　戊戌前後，康、梁等人在提倡社會改良與政治改良的同時，已經認識到文學，尤其是小說對於啓發民智、改良群治的作用。1897 年，康有爲在《日本國書目志・識語》中云：

> 僅識字之人，有不讀經，無有不讀小說者。故六經不能教，當以小說教之；
>
> 正史不能入，當以小說入之；語錄不能喻，當以小說喻之；律例不能治，當以小說治之。[4]

　　戊戌變法失敗後，梁啓超逃亡日本。1902 年，他在東京創辦《新小說》雜誌，並於第一卷上發表〈論小說與群治之關係〉一文，其首段云：

> 欲新一國之民，不可不先新一國之小說。故欲新道德，必新小說；欲新宗教，必新小說；欲新政治，必新小說；欲新風俗，必新小說；欲新學藝，必新小說；乃至欲新人心，必新小說；欲新人格，必新小說。何以故？小說有不可思議之力支配人道故。[5]

　　他在該文的最後一段提出了「小說界革命」的口號：

> 故今日欲改良群治，必自小說界革命始；欲新民，必自新小說始。[6]

　　意識到小說對啓發民智、改良群治的重要作用並爲文論之者，當時頗不乏人，康、梁不過是其中的領袖人物而已。

---

4 陳平原、夏曉紅編：《二十世紀中國小說理論資料》第 1 卷，北京：北京大學出版社，1989 年 3 月，頁 13。
5 同上，頁 33。
6 同上，頁 37。

今天看來，他們的意見未免過高地估計了小說的作用，有點危言聳聽的味道，他們對文學與社會、政治的關係的看法也不正確。但在當時，他們的大力提倡的確對中國小說的發達與改進起了相當正面的作用（其負面後果則在後來的發展中逐漸顯示出來）。其結果是一方面出現了一大批實踐這種主張，多以改良社會與政治爲宗旨的「新小說」，另一方面則是出現了一個翻譯外國小說的熱潮 —— 因爲他們看到歐美、日本的小說很發達，認爲這正是歐美、日本社會、政治先進的原因所在。

其時「新小說」的代表作品，我們可以舉出下面的幾部：

> 梁啟超（1873～1929）：《新中國未來記》（1902，未完）
>
> 黃小配（1872～1912）：《洪秀全演義》（1905～1906）
>
> 李伯元（1867～1906）：《官場現形記》（1903）
>
> 吳趼人（1866～1906）：《二十年目睹之怪現狀》（1903～1906）
>
> 曾　樸（1872～1935）：《孽海花》（1904～1907）
>
> 徐枕亞（1889～1937）：《玉梨魂》（1912，駢體長篇）
>
> 徐念慈（1875～1908）：《新法螺先生譯》（1905）
>
> 李涵秋（1873～1923）：《廣陵潮》（1909～1919）
>
> 劉　鶚（1857～1909）：《老殘遊記》（1903～1907）

至於翻譯小說，我們可以舉著名翻譯家林紓（號琴南，1852～1924）爲代表，他一生翻譯的小說有一百七十餘種之多，其中《巴黎茶花女遺事》、《黑奴籲天錄》、《塊肉餘生記》、《薩克遜劫後英雄略》等都曾經風行一時。據統計，晚清刊行的小說總數在

一千五百種以上，其中翻譯小說又佔全數的三分之二[7]，由此我們不難想見當時知識界對西方小說（也有部分日本小說）推崇的盛況。

從戊戌變法（1898）到文學革命（1917）之間的二十年間大量出現的「新小說」和翻譯小說是中國小說由傳統過渡到現代的橋樑。

三、現代小說與傳統小說的區別

文學革命的宗旨既然是提倡言文合一，以白話取代文言成為文學正宗，那麼文學革命以後出現的現代小說，跟傳統小說比較起來，最醒目的區別自然首先表現在語言上。傳統小說要麼是文言（如唐宋傳奇、聊齋誌異），要麼是半文言（如三國演義），要麼是或多或少地帶有文言痕跡的「古白話」（如宋元話本、《水滸傳》乃至《金瓶梅》、《紅樓夢》及新小說中的不少作品），而現代小說則是用純粹的當代白話寫成的。但是，如果我們以為現代小說與傳統小說的區別僅僅在這裡，或者最根本的區別在這裡，那就大錯了。現代小說與傳統小說還有許多重要的區別，其意義可能還在語言之上。

首先是表現技巧，尤其是作為表現技巧之核心的敘事模式：敘事者、敘事時間、敘事角度、敘事結構等等。中國傳統小說的敘事者大多是一位說書人，他講故事給人聽，而現代小說的敘事者則是形形色色的，他可能是一位知識份子，也可能是別的什麼

---

7 參看唐弢主編：《中國現代文學史》第 1 冊，北京：人民出版社，1982 年，頁 4。

人；他可以置身於故事之外，也可以是故事中的一個人物。中國
傳統小說在敘事時間上基本上採用順時的連貫敘述，而現代小說
則採用連貫敘述、倒裝敘述、交錯敘述等多種敘事時間；中國傳
統小說在敘事角度上基本上採用全知視角。而現代小說則採用全
知敘事、限制敘事（第一人稱、第三人稱）、純客觀敘事等多種敘
事角度；中國傳統小說在敘事結構上基本以情節為結構中心，而
現代小說則有以情節為中心、以性格為中心、以背景為中心等多
種敘事結構。[8]敘事模式的不同是現代小說與傳統小說的一個重要
的帶決定意義的區別。

　　除了敘事模式之外，現代小說與傳統小說在表現技巧的其他
方面也都有明顯的差異。例如傳統小說喜歡從頭到尾地敘述一個
故事（或一個人的生平），而現代小說（尤其是短篇）則大多割取
生活中的一個片段加以呈現；傳統重敘述，不重描繪，而現代小
說中描繪的成分顯著增加；傳統小說很少刻畫人物心理，而現代
小說卻非常重視人物的心理刻畫，甚至出現大段的人物內心獨白
乃至「意識流」等等。此外現代小說中常見的象徵手法也是傳統
小說未見或很少見到的。當然，現代小說與傳統小說在表現技巧
上的不同還不止這些，限於篇幅，就不一一列舉了。

　　其次，現代小說與傳統小說的一個重要區別表現在題旨上。
傳統的中國小說不論表現何種題材，其所宣揚的旨趣大抵離不開
封建禮教與封建迷信，也就是仁義道德、忠孝節義、因果報應、
神仙鬼怪那一套東西。而現代中國小說卻是以強烈的反封建精神

---

8 參看陳平原：《中國小說敘事模式的轉變》，台北：久大文化公司，1990 年 5
　月，頁 3-5。

爲其標誌的。中國現代小說，也是中國現代文學的開山之作《狂人日記》，即是以嚴厲抨擊「禮教吃人」爲主題，從而震驚了當時的中國文壇與中國思想界的。此後繼作者大都從各個方面繼承並發揚此一反封建的主題。雖然，隨著現代小說的蓬勃發展與多面切入生活，其主題也漸趨多元化，越來越不宜以「反封建」三字來概括，但封建禮教與迷信那一套東西無疑已永遠地從小說題旨中消失了。

　　再次，現代小說與傳統小說之不同還表現在小說的人物上。中國傳統小說的主角大抵是帝王將相、才子佳人，而現代小說的主角則大多是平民百姓或普通的知識份子。或者換一個說法，傳統小說著重敘述時特出的人（包括神怪，那是特出的人的一種折射）及其非同凡響的事跡，而現代小說則看重表現一般的人及其凡俗的生活。當然，這種差異只是大體上的、相對的，不是全部如此，絕對如此。傳統小說也有寫普通人的，現代小說也有寫領袖與英雄的。但即使同是寫普通人，或同是寫英雄，現代小說與傳統小說的著眼點也不同，現代小說著眼在他們的「凡」，而傳統小說卻著眼在他們的「不凡」。

　　由於使用的語言不同，表現的技巧不同，宣揚的旨趣不同，刻畫的人物不同，當然，還加上其他次要的本文未一一提及的不同，文學革命以後的小說以一幅嶄新的面貌出現於文壇，與傳統小說劃清了界限，開啓了中國小說的現代化歷程，也開啓了中國文學的現代化歷程。

　　是什麼因素促使中國小說由傳統而變爲現代的呢？或者廣義地說，是什麼因素促使中國文學由傳統而變爲現代的呢？首先

當然是時代的因素：社會的、政治的、經濟的等等，但這個問題太複雜，此處只好存而不論。其次是文學自身的因素，即文學自身運動的規律所致。在文學自身的因素中又有縱橫兩個方面。從橫的方面看，外國小說，尤其是西方小說對中國現代小說的巨大影響是不容置疑的。五四時代的作家大多明言自己受到外國作品的啓迪，例如魯迅就說過，他寫小說「大約所仰仗的全在先前看過的百來篇外國作品和一點醫學上的知識」[9]，早期的中國現代小說無論是語言、技巧、題旨、人物，都有明顯的仿傚西方小說的痕跡，而在技巧上向西方作品學習的尤其多。從縱的方面看，中國現代小說的產生又是中國自身文學傳統創造性轉化的成果。陳平原在論述中國小說敘事模式的轉變時認爲：

> 中國小說的敘事模式的轉變基於兩種移位的合力：
>
> 第一，西洋小說輸入，中國小說受其影響而產生變化；
>
> 第二，中國文學結構中小說由邊緣向中心移動，在移動過程中吸取整個中國文學的養分因而發生變化。[10]

這個論述，不僅適用於中國小說敘述模式的轉變，顯然也適用於觀察整個中國小說由傳統向現代的轉變。

9　魯迅：〈我怎麼做起小說來〉，《魯迅全集》第 4 冊，北京：人民出版社，1981年，頁 512。

10　同注 8，頁 9。

第二章　魯迅的小說（上）

　　魯迅是中國現代小說的奠基者，也是迄今為止最偉大的現代中國作家。他在 1918 年發表的〈狂人日記〉是中國現代文學的開山之作，而發表於 1912 年的〈阿 Q 正傳〉則是中國現代小說中唯一真正享有世界聲譽的作品。論中國的現代小說，我們不能不從魯迅及其作品談起。

　　魯迅原名周樹人，字豫才，浙江紹興人。1881 年 9 月 25 日出生，1936 年 10 月 19 日去世，享年 55 歲。

　　魯迅出生在一個舊式的官僚家庭，祖父是清朝的進士。魯迅很小的時候，祖父就因事下獄，父親又得了重病，家道驟然中落。少年魯迅在家庭由小康墜入困頓的過程中，飽嘗了生活的艱辛和世態的炎涼。父親後來終於因庸醫之誤而過早地去世，青年魯迅被迫去南京進了一個免費的新式學堂，1901 年又考取官費留學日本，進了仙臺醫學專門學校。在日本留學期間，魯迅接受了西方的先進思想，又接觸到孫中山、章太炎等革命者，於是棄醫從文，希望通過文藝運動來達到改造國民精神的目的。但是，魯迅早期的文學活動卻進行得很不順利。邀集幾個朋友辦雜誌，雜誌還沒出來，人就已經散了伙；翻譯了一些外國小說，編成「城外小說集」出版，卻又完全賣不出去。1907 年，魯迅由日本回國，先後做過中學的學監、師範學堂的校長和教育部的僉事。這其間辛亥

革命發生了，但是並沒有改變中國黑暗的現狀，魯迅覺得非常失望，看不到出路在哪裡，一度變得消極苦悶。1917 年，陳獨秀與胡適發動了「文學革命」，魯迅開始對這個運動也並不抱多大希望。1918 年，錢玄同約他爲《新青年》寫稿，他終於被說服了，便寫了一篇〈狂人日記〉，發表在當年 5 月號的《新青年》上。不料〈狂人日記〉一鳴驚人，以它深刻的思想與完美的形式，不僅轟動了當時的文壇，也震動了中國整個思想界，而對青年的影響尤其巨大。從此以後，魯迅一發而不可收，接連寫出了〈孔乙己〉、〈藥〉、〈阿 Q 正傳〉、〈故鄉〉、〈社戲〉等名作，篇篇深刻精美，不僅爲中國現代文學奠定了堅實的基礎，也造就了魯迅作爲中國現代文學之父的牢不可破的地位。

魯迅的小說基本上都是短篇（只有〈阿 Q 正傳〉可以算做中篇），分別收在《吶喊》、《徬徨》、《故事新編》三個集子裡。其中尤以《吶喊》、《徬徨》最爲精彩，共收小說 25 篇，寫於 1918 到 1925 年 7 月間。現在我們就從《吶喊》和《徬徨》中各取 3 篇來加以介紹。

《吶喊》初版於 1923 年，共收〈狂人日記〉、〈孔乙己〉、〈藥〉、〈明天〉、〈一件小事〉、〈頭髮的故事〉、〈風波〉、〈故鄉〉、〈阿 Q 正傳〉、〈端午節〉、〈白光〉、〈兔與貓〉、〈鴨的喜劇〉、〈社戲〉等 14 篇小說。我們來看〈狂人日記〉、〈孔乙己〉、〈阿 Q 正傳〉。

〈狂人日記〉借一個狂人的嘴，發出了「禮教吃人」的呼喊，表達了魯迅對中國封建傳統猛烈抨擊的態度。小說中的「狂人」得了一種類似「被迫害狂」之類的病，時時以爲週遭的人 —— 包括他自己的家人 —— 都要把他殺了吃掉。他戰戰兢兢，記起中國

歷史上許多人吃人的故事。有一天晚上，他終於有了一個驚人的發現：

> ……我翻開歷史一查，這歷史沒有年代，歪歪斜斜的每頁上都寫著「仁義道德」幾個字。我橫豎睡不著，仔細看了半天，才從字縫裡看出字來，滿本都寫著兩個字是「吃人」！[1]

他越想越害怕，覺得自己是生活在「吃人」的環境中，自己也是其中的一員：

> 四千年來時時吃人的地方，今天才明白，我也在其中混了多年；大哥正管著家務，妹子恰恰死了，他未必不和在飯菜裡，暗暗給我們吃。我未必無意之中，不吃了我妹子的幾片肉，現在也輪到我自己，……有了四千年吃人履歷的我，當初雖然不知道，現在明白，難見真的人！[2]

這無異是指責中國的文化是「吃人」的文化，我們還是一個尚未脫離「吃人」階段的野蠻民族。這種對於中國傳統黑暗、落後及虛偽、殘忍一面的譴責，無疑具有嚴肅的道德意義，而且背後顯然跳動著一顆恨鐵不成鋼的強烈的愛國心。對於一向以四千年文明自傲的中國人，它不啻是一記振聾發聵的當頭棒喝；同時對於已經意識到國家的落後而力謀民族復興的志士，尤其是年輕人，這種譴責與呼號又極易引起強烈的共鳴，所以〈狂人日記〉一出，全國為之騷然，而其結尾一節也就成了家傳戶誦的名句：

> 救救孩子……[3]

---

1 《魯迅全集》，北京：人民出版社，1987 年，第 1 卷，頁 425。
2 同上，頁 432。
3 同上。

　　〈狂人日記〉不僅有深刻的思想，而且有出色的技巧。它的語言是純熟的白話，且極爲精鍊。短句、短段、語義若斷若續、突兀而出人意表的句法，一方面極其貼合「狂人」的「非常」心理，一方面又極宜於表達作者驚世駭俗的思想。文中大量使用象徵手法，例如「趙貴翁」、「古久先生」、「陳年流水簿子」、「狼子村」、「歪歪斜斜」的「歷史」、「字縫裡看出字」等等，顯然都別有所指，妙在從「狂人」的口中說出，就一方面令人深思，一方面又不破壞整篇風格的統一了。日記正文前面的小序，不僅爲讀者閱讀後面顛顛狂狂的日記預作心理準備，也提供了審視全文的另一個視角。小序的敘事者「余」與日記的敘事者「我」，一個是所謂「正常人」的角度，一個是所謂「狂人」的角度，這兩個角度的交叉，既故作狡獪地隱藏了作者的眞實觀點，又故意欲蓋彌彰地提醒讀者去讀出狂人之語的背後眞實意涵。作者特別以文言文來寫出這段「正常人」的小序，顯然又包含著另一層反諷，因爲在〈狂人日記〉的邏輯中，「正常人」當然是在「吃人者」之列的，而文言文顯然正是這些正常的「吃人者」（包括病癒之後已「赴某地候補」的「狂人」── 這裡又有一個反諷：作正常人的代價，就是加入吃人遊戲的行列）所使用的語言。

　　總之，〈狂人日記〉以完美的技巧呈現了深刻的主題，而這樣的技巧與這樣的主題，在中國文學中，都是嶄新的，從未出現過的。〈狂人日記〉當之無愧地成了中國現代小說的始祖。

　　〈孔乙己〉是魯迅的第二篇小說，作於 1918 年冬天，發表在 1919 年 4 月號的《新青年》上，這是一個極其精緻的短篇，全文還不滿三千字，卻寫出了一個窮愁潦倒的破落書生的淒涼動人

的故事。

孔乙己是一個讀書人，讀了一大堆「之乎者也」，懂得「回」字有四種寫法，但是卻始終未能「進學」，擠不進統治階級的行列，又沒有謀生的本領，終於淪為「竊書」的小偷，常常被有錢人打得鼻青臉腫，大家都把他當成揶揄的對象，終於在一次被打斷了腿之後無聲無息地死去。孔乙己本質上是一個心地善良的人，但卻被無用的封建文化造成了一個廢物。他的悲劇在於他始終不明白自己在那個社會中毫無地位，還一味保持著「讀書人」的酸味。孔乙己是一個可憐蟲，一個競爭中的失敗者。作者寫出勢利的社會對這個失敗者的殘酷和人群的涼薄，尤其令人感慨萬分。

〈孔乙己〉的語言極為精鍊，而富於刻畫力。例如對孔乙己的介紹，作者只用了寥寥的幾句話就把這個人物的神髓表現得淋漓盡致：

> 孔乙己是站著喝酒而穿長衫的唯一的人。他身材很高大；青白臉色，皺紋間時常夾些傷痕；一部亂蓬蓬的花白的鬍子。穿的雖然是長衫，可是又髒又破，似乎十多年沒有補，也沒有洗。他對人說話，總是滿口之乎者也。叫人半懂不懂的。因為他姓孔，別人便從描紅紙上的「上大人孔乙己」這半懂不懂的話裡，替他取下一個綽號，叫作孔乙己。[4]

只「站著喝酒而穿長衫」八個字就把孔乙己已經淪落到跟「站著喝酒」的勞動者一樣貧窮低下的社會地位的實況和他自己還要保持「讀書人」身分 —— 「穿長衫」 —— 的不能調適自己、面對

---

4 同上，頁435。

現實的酸溜溜的心理全部表達出來了，真令人拍案叫絕。又如下面這一段：

> 有幾回，鄰舍的孩子聽得笑聲，也趕熱鬧，圍住了孔乙己。他便給他們茴香豆吃，一人一顆。孩子吃完豆。仍然不散，眼睛都望著碟子。孔乙己著了慌，伸開五指將碟子罩住，彎腰下去說道，「不多了，我已經不多了。」直起身又看一看豆，自己搖頭說，「不多不多！多乎哉？不多也。」於是這一群孩子都在笑聲裡走散了。[5]

孔乙己的善良、窮酸、滑稽，被作者的生花妙筆描得活靈活現，而場景的淒涼而溫馨，語言的錯落、有韻味，也使人讀了還想再讀。

〈孔乙己〉的敘事策略也非常值得我們品味。中國傳統的寫人的小說，每每繼承傳記文學的敘事模式，原原本本地從頭寫起，依次道來：某某，字某，某地人，生於何年，生平有何行狀等等。〈孔乙己〉完全摒棄了這種傳統的敘事方式，改採第一人稱的限制敘事。敘事者是當年酒店一個溫酒的小夥計，孔乙己的不幸遭遇與周圍人的冷漠反映全從他的眼中看出、口中說出，他彷彿是一個現場轉播者，讓讀者看到最真實的場景，同時，孔乙己生平無關主題的部份則因為他的不在場而自然剪掉了。我們不難看出，〈孔乙己〉能夠寫得如此形象而簡潔，同這種敘事策略的運用有極大的關係。同時，由於敘事者是一個剛涉世的少年，對人情世故和是非善惡還沒有定型的看法，因而他的「轉播」也就顯得

---

5 同上，頁 436-437。

真實可信，而給讀者更多的想像和體味的空間。

我們再來看〈阿 Q 正傳〉，這是魯迅最著名的作品，也是中國現代文學史上最為出色的小說。它已經被譯成三十多國文字，阿 Q 的名字不僅在中國家喻戶曉，在世界文化中也已經成為一種類型的代號了。

阿 Q 是未莊的一個無業遊民，窮得只有一條褲子。他幾乎受到所有的人的欺侮，而他對付這些欺侮的辦法不是反抗，而是用一種所謂的「精神勝利法」，即想方設法麻醉自己、欺騙自己，用種種極為虛假可笑的理由來證明自己精神上的優越，從而「轉敗為勝」。例如被別人打了耳光，他想這是兒子打了老子；別人搶他的錢，他惱恨得自己打了自己兩個嘴巴，然後覺得這是自己打了別人；實在沒有辦法的時候，他就自輕自賤，罵自己是蟲豸然後想，我是第一個能夠自輕自賤的人，除了「自輕自賤」不算外，餘下的就是「第一個」，狀元不也是「第一個」麼？你算什麼東西！而遇到比他更弱小的人，阿 Q 卻又擺出一幅欺善怕惡的無賴相。阿 Q 並沒有自己的思想，他承襲一切流行的有勢力的觀念；他極度麻木不仁，對自己的處境和別人的處境都沒有反省的能力。他又好吹牛、盲目自大，好出風頭，也會投機。總之，阿 Q 的身上幾乎集中了國人所有的劣根性，集中了整個民族精神的病態，這種病態在中國近百年來飽受列強侵凌而無力反抗的現實中，表現得更為可笑可悲。

阿 Q 的故事還有另外一層諷刺意義，即它以一種概括的方式表現辛亥革命只取得表面成功，而實際上絲毫沒有改變窮苦人民命運，也沒有改變中國的黑暗現實。小說的第七章，一開頭就講

到辛亥革命，講到半夜裡一隻大船，載著城裡舉人老爺的財物靠上了趙太爺家的河埠頭。趙太爺們確實也驚慌了一陣子，竟至於把阿 Q 當成革命黨而低聲地尊他為「老 Q」。但後來的發展卻是趙秀才和假洋鬼子迅速地勾結起來，一面到尼姑庵裡去砸龍牌，順手偷去觀音娘娘座前的宣德爐，發了一筆革命財；一面又由假洋鬼子進城去，花四塊錢替趙秀才買來一個自由黨的徽章，於是趙秀才也一變而為革命黨了。而昨天還在洋洋得意的阿 Q 反倒遭到假洋鬼子的斥罵，不准革命，依舊像從前一樣被踩在趙太爺們的腳底下，最後還糊里糊塗地被殺了頭。在這裡，未莊便成了全中國農村的一個縮影，趙太爺等人是封建勢力的代表，而阿 Q 的悲慘遭遇則是無數受苦農民苦難命運的寫照。辛亥革命似乎給他們帶來了一線希望，而這希望卻很快就破滅了。

　　在藝術上，《阿 Q 正傳》也是一個幾乎毫無瑕疵的精品。它是寫實的，卻又通篇運用了象徵和誇張的筆法；它是一個徹頭徹尾的悲劇，卻又通篇浸透了喜劇和反諷的色彩。阿 Q 自然是一個象徵性的人物，他幾乎可說是「精神勝利法」的載體，他是中國國民劣根性的集中縮影，但作者並沒有把他弄成一個空洞的符號，他仍然是未莊一個活生生的無業遊民。除了阿 Q 以外，其他為趙太爺、假洋鬼子、小 D，甚至結尾那些惋惜自己「白跟一趟了」的看客，都莫不帶有濃厚的象徵意味。連這個故事發生的地方「未莊」（未者沒有也，烏有之莊也）不也是中國舊時農村的一個縮影嗎？魯迅為了達到借一個人物來表現「現代的我們國人的魂靈」（魯迅俄譯本《阿 Q 正傳》序）的目的，在小說中大量地使用了誇張的漫畫化的手法。如果孤立起來看，《阿 Q 正傳》

中幾乎每一個人物，每一個細節都不是眞實可信的，但合起來，卻極其和諧生動，並不使人因為虛偽不實而產生任何不快。《阿Q正傳》實在表現了作者極其高強、極富天分的創造力，它是寫實的，但又完全擺脫了如實描摹的局限，它寫的實是人物與生活經過作者的熔鑄之後再生的藝術的眞實。中國現代小說中至今沒有天才一篇達到如此高的境界。

　　阿Q的生平是一部充滿血淚的悲劇，他糊里糊塗地過完短暫的一生，最後糊里糊塗地被抬上無蓬車遊街示眾，他這才明白自己是被拉去殺頭，每個讀者讀到這裡，都不能不為之心碎。但是作者卻把這樣一個充滿血淚的悲劇包裝在一個充滿喜劇意味和反諷意味的敘述裡，連各章的標題：「優勝紀略」、「戀愛的悲劇」、「從中興到末路」、「革命」、「不准革命」、「大團圓」等都含有明顯的誇大與諷刺。作者在敘述中還不時地插進一些文言成語，使得揶揄的味道更濃，而語言的神韻也就更美了。例如下面這一段：

> 但他有一種不知從哪裡來的意見，以為革命黨便是造反，造反便是與他為難，所以一向是「深惡而痛絕之」的，殊不料這卻使百里聞名的舉人老爺有這樣怕，於是他未免也有些「神往」了，況且未莊的一群鳥男女的慌張的神情，也使阿Q更快意。[6]

　　「深惡而痛絕之」、「神往」、「快意」等都是文言詞語，用在這裡卻特別有味。「未莊的一群鳥男女」則是「水滸」筆法，既貼合阿Q的無賴個性，也使敘述平添一層喜感。魯迅在語言上的天

---

6 同上，頁513。

才創造力也是至今無人能及的。

〈阿 Q 正傳〉無論就思想性和藝術性哪方面來看,都絕對是不朽的作品,它是可以與任何世界名作並列而當之無愧的。

第三章　魯迅的小說（下）

　　《徬徨》是魯迅的第二本小說集，初版於 1926 年，收〈祝福〉、〈在酒樓上〉、〈幸福的家庭〉、〈肥皂〉、〈長明燈〉、〈示眾〉、〈高老夫子〉、〈孤獨者〉、〈傷逝〉、〈弟兄〉、〈離婚〉等共 11 篇小說。我們來看〈祝福〉、〈肥皂〉和〈傷逝〉。

　　〈祝福〉寫的是一個叫祥林嫂的農村婦女的悲劇。祥林嫂是舊時代生活在社會底層的中國勞苦婦女的一個典型·。她勤勞、善良，但一生都輾轉在各種社會勢力的殘酷壓榨之下，這些勢力包括傳統的習俗、夫權、封建迷信等等，最終被逼上了死路。魯迅的高明之處在於他並沒有多費筆墨去寫外人如何欺凌祥林嫂，而是著重向我們呈現這些社會勢力如何轉變成祥林嫂精神上的「內傷」，最後是這些「內傷」而非外力把祥林嫂送上絕路的。這樣就把這些社會勢力的罪惡和恐怖呈現得更加深刻，也促使我們更深入地去思考以謀求療救之道。

　　祥林嫂第一任丈夫死了之後，她的婆婆把她賣給另一個人爲妻。她爲了保全貞潔，不願改嫁，便逃到魯鎮做女傭，但是她的婆婆終於找到了她，又把她賣給一個深山的農夫。幾年之後，她的第二任丈夫又死於傷寒，而唯一的兒子又被狼吃了，祥林嫂不得不回到魯鎮，在同一家作女傭。

　　祥林嫂的命運已經夠悲慘的了，可是接下來的處境更慘，因為別人認為她剋夫不祥，主人也禁止她祭祀的時候插手幫忙。於是祥林嫂也自以為「不祥」，而且耿耿於懷，對於自己將來的命運感到悲觀。有一天，主人家的另外一位女傭對她說，因為她嫁了兩個男人，將來死後到陰間去，閻王爺只好把她用鋸子鋸開，分給他們兩個。祥林嫂聽了覺得非常恐怖。那女傭又建議她到土地廟去捐一條門檻，當她的替身，「給千人踏，萬人跨，贖了這一世的罪名，免得死了去受苦。」[1]她真的用了一年的工錢去捐了一條門檻，以為從此贖了罪，可以做一個乾淨的人了。她哪裡知道，人們對她的看法並沒有改變：

> 冬至祭祖時節，她做得更出力，看四嬸裝好祭品，和阿牛將桌子抬到堂屋中間，她便坦然地去拿酒杯和筷子。
>
> 「你放著罷，祥林嫂！」四嬸慌忙大聲說。
>
> 她像是受了炮烙似的縮手，臉色同時變作灰黑，也不再去取燭台，只是失神地站著。直到四叔上香的時候，叫她走開，她才走開。這一回她的變化非常大，第二天，不但眼睛凹陷下去，連精神也更不濟了。而且很膽怯，不獨怕暗夜，怕黑影，即使看見人，雖是自己的主人，也總惴惴的，有如白天出穴遊行的小鼠；否則呆坐著，直是一個木偶人。不半年，頭髮也花白起來了，記性尤其壞，甚而至於常常忘了去淘米。[2]

　　這一段讀起來，不僅使人覺得悲酸，也使人覺得恐怖，傳統

1　《魯迅全集》，北京，人民出版社，1989年，第2冊，頁19-20。
2　同上，頁20-21。

的習俗與迷信摧殘人的力量竟可以到達如此地步！祥林嫂從此就精神失常，只有一步一步走向死亡了。

〈祝福〉採用第一人稱限制敘事。敘事者「我」有作者的影子，但也不全等於作者。祥林嫂的故事是在「我」的回憶中敘述出來的。先寫祥林嫂的死，再寫她的生平，這是倒敘；在回憶她的生平的時候，又按時間次序依次寫，這是順序。作者熟練地運用西方小說的敘事技巧，跟中國傳統小說的寫法真是大不一樣了。〈祝福〉又有濃郁的抒情色彩，尤其是小說的一頭一尾，寫「我」回到故鄉之後的見聞以及在祝福之夜的感想，充滿了一種惆悵、厭倦、不快之情。而這種情緒作者並沒有直接說出，而是包裝在一種含蓄的充滿反諷的語調裡，讓讀者自己去品味。例如小說的最後一段：

> 我在朦朧中，又隱約聽到遠處的爆竹聲連綿不斷，似乎合成一天音響的濃雲，夾著團團飛舞的雪花，擁抱了全市鎮。我在這繁響的擁抱中，也懶散而且舒適，從白天以至於初夜的疑慮，全給祝福的空氣一掃而空了，只覺得天地聖眾歆享了牲醴和香煙，都醉醺醺的在空中蹣跚，預備給魯鎮的人們以無限的幸福。[3]

作者在敘述了祥林嫂的悲慘故事之後寫下這樣一段話，不論他裝得如何正經，那言外的諷刺之意是瞞不住人的。

〈肥皂〉是一篇非常精彩的諷刺小品。魯迅對於道學虛偽的痛恨和對人性弱點的洞見在這篇小品裡一覽無遺。諷刺的辛辣和

---

3 同上，頁21。

因洞見而產生的寬容同時並在，摒棄了尖刻與淺露，讀來令人忍俊不禁，讀後又發人深思。

〈肥皂〉的主角四銘是一個現代的道學家，他滿嘴的仁義道德，時時不忘抨擊當今社會的「世風日下」，力圖擺出一幅「力挽頹風」的正人君子的姿態，但是心裡卻充滿止不住的慾念，特別表現在男女問題上。有一天晚上，他回到家裡，煞有介事地給他太太一塊精美的香皂。太太很感激，他卻心不在焉，顯然白天發生的事情使他感到煩惱。他在店裡比較各種肥皂牌子的時候，店家顯出不耐煩的神色，幾個青年學生更用英文罵他「old fool」，他聽不懂。現在他便高聲喊過兒子來，要他把這英文翻譯出來。由於他只能給出一個近似的讀音，兒子當然翻譯不出。於是他便大發脾氣，並且遷怒到現代教育，說它造就的只是一些「沒有道德」的人，然後突然話題一轉，說到他在街上看到一個女乞丐：

> 「他們還嚷什麼『新文化』，『化』到這樣了，還不夠？」
> 他兩眼盯著屋樑，盡自說下去。「學生也沒有道德，社會上也沒有道德，再不想點法子來挽救，中國這才真個要亡了。
> ── 你想，那多麼可歎？……」
> 「什麼？」她隨口的問，並不驚奇。
> 「孝女。」他轉眼對著她，鄭重地說。「就在大街上，有兩個討飯的。一個是姑娘，看去該有十八九歲了。── 其實這樣的年紀，討飯是很不相宜的了，可是她還討飯。── 和一個六七十歲的老的，白頭髮，眼睛是瞎的，坐在布店的簷下求乞。大家多說她是孝女，那老的是祖母。她只要討得一點什麼，便都獻給祖母吃，自己情願餓肚皮。可是這

樣的孝女，有人肯布施麼？」他射出眼光來盯住她，似乎
要試驗她的識見。

她不答話，也只將眼光盯住他，似乎倒是專等他來說明。

「哼，沒有。」他終於自己回答說。「我看了好半天，只見
一個人給了一文小錢；其餘的圍了一大圈，反倒去打趣。
還有兩個光棍，竟肆無忌憚地說：

『阿發，你不要看這貨色髒。你只要去買兩塊肥皂來，咯
支咯支遍身洗一洗，好得很哩！』哪，你想，這成什麼話？」
⁴

原來四銘的火氣（慾火？）是從這裡來的，他曲曲折折地就
是要說出這個故事，而念念不忘的尤其是那個光棍的話，難怪他
晚上跟幾個道學朋友重提此事，又把那個光棍的話重覆了一遍。
他的太太似乎也感覺到了他誇獎孝女與買肥皂這兩者之間有某種
微妙的關係，吃晚飯的時候，四銘還在大罵他的兒子，四太太卻
發作了：

「他那裡懂得你心裡的事呢。」她可是更氣忿了。「他如果
能懂事，早就點了燈籠火把，尋了那孝女來了。好在你已
經給她買好了一塊肥皂在這裡，只要再去買一塊……」

「胡說，那話是那光棍說的。」

「不見得。只要再去買一塊，給她咯支咯支地遍身洗一洗，
供起來，天下也就太平了。」

「什麼話？那有什麼相干？我因為記起了你沒有肥

4 同上，頁 48-49。

皂……」

「怎麼不相干？你是特誠買給孝女的，你咯支咯支的去洗去。我不配，我不要，我也不要沾孝女的光。」

「這真是什麼話？你們女人……」四銘支吾著，臉上也像學程練了八卦掌之後似的流出油汗來，但大約也因為吃了太熱的飯。

「我們女人怎麼樣？我們女人，比你們男人好得多。你們男人不是罵十八九歲的女學生，就是稱贊十八九歲的女討飯：都不是什麼好心思。『咯支咯支』，簡直是不要臉！」[5]

作者的諷刺的筆觸也沒有放過四太太，第二天早晨一起床，她就在用那塊肥皂用心地擦洗脖子，「肥皂的泡沫就如大螃蟹嘴上的水泡一般，高高的堆在兩個耳朵後」[6]，「從此之後，四太太的身上便總帶些似橄欖非橄欖的說不清的香味；幾乎小半年，這才忽而換了樣，凡有聞到的都說那可似乎是檀香。」[7]讀來令人莞爾。

純就寫作技巧而論，〈肥皂〉是魯迅小說中最成功的作品。〈肥皂〉在敘事角度上，既不採取傳統常見的敘述者無所不在，無所不知的全知敘事，也不採取五四小說家喜歡採用的第一人稱或第三人稱限制敘事，而是採用一種純客觀敘事的方式，即敘述者只描寫人物所看到的和聽到的，不作主觀評價，也不分析人物心理。這種敘事角度很不易掌握得好，若運用得成功，作品就會顯得客觀、超然，特別耐人尋味。〈肥皂〉是純客觀敘事的典範，它真正

5　同上，頁 54。
6　同上，頁 55。
7　同上。

做到了「無一貶詞，而情偽畢露」。

〈肥皂〉沒有一筆正面寫到人物的心理，但卻是一篇絕妙的心理小說。四銘聽到光棍的話而買肥皂給太太，為了壓不住對女乞丐的慾念而遷怒于兒子，而大罵新文化，而忍不住反覆重述光棍的話；四太太的借題發揮，大罵男人不要臉，而次日早晨又不聲不響地去用香皂擦洗脖子，所有這些，顯然都是潛意識在作怪。而魯迅全然不動聲色地把所有這些微妙到難以言傳的情狀一一呈現出來，讀來真叫人絕倒。

最後，我們來看〈傷逝〉。

在魯迅的小說中，〈傷逝〉是很特別的一篇。〈傷逝〉完全是抒情的，而且很有一點傷感的味道，這在魯迅是少見的。魯迅大多數小說都是冷眼看世界 —— 雖然內心裡其實很熱。〈傷逝〉是用第一人稱寫的，而且「我」—涓生—是小說的主角。魯迅小說第一人稱的很多，但「我」大多是旁觀者，而非主角。〈故鄉〉、〈社戲〉、〈兔和貓〉、〈一件小事〉裡的「我」雖可算是主角，但這幾篇小說其實都很接近散文，其中的「我」很近似作者，只有〈傷逝〉是真正的以第一人稱作主角的小說，而那個「我」跟魯迅幾乎毫無關聯。在內容上，〈傷逝〉是正面寫愛情的，這在魯迅小說中也是絕無僅有的。〈傷逝〉甚至在語言風格上都很不同於魯迅的其他小說，驟一看去，幾乎會以為是另一個人的手筆。〈傷逝〉使我們驚訝於作者才華的多面性。

〈傷逝〉寫的是涓生和子君的愛情故事。表面上看起來，似乎是旨在表現麵包與愛情不可兼得的悲劇，但細讀之後，就覺得作者真想表達的，恐怕還是知識份子的軟弱與自私。在生活的壓

力面前，涓生首先想到的是子君給自己增加了負擔，他想甩開子君一個人逃走、高飛。他甚至不只一次地想到子君的死：

> 我覺得新的希望就只在我們的分離；她應該決然舍去，——我也突然想到她的死，然而立刻自責，懺悔了。[8]

相比之下，子君顯得勇敢得多。在戀愛的時候，他們的愛情得不到家庭和周圍人的認同，她毫無畏懼，「坦然如入無人之境」[9]，且驕傲地宣稱：「我是我自己的，他們誰也沒有干涉我的權利！」[10]面對艱困生活的壓力，她也沒有自私的想法，連飼養的油雞與小狗阿隨也捨不得遺棄。當然，子君有子君的弱點：結婚之後，她安於平凡的主婦生活而不求上進，作爲一個知識女性她始終不曾有獨立謀生的意願和本領。她似乎不大懂得：「人必須生活著，愛才有所附麗」[11]。這裡隱藏著魯迅一個一貫的主張，即：婦女必須爭得經濟權，才談得上平等、自由與愛情。[12]

子君最後眞的走了，而且很快死了，死在「她父親的烈日一般的嚴威和旁人的賽過冰霜的冷眼」[13]中。涓生懺悔不已：

> 我願意眞有所謂鬼魂，眞有所謂地獄，那麼，即使在孽風怒吼之中，我也將尋覓子君，當面說出我的悔恨和悲哀，祈求她的饒恕；否則，地獄的毒焰將圍繞我，猛烈地燒盡我的悔恨和悲哀。我將在孽風和毒焰中擁抱子君，乞她寬

8　同上，頁 123。
9　同上，頁 114。
10　同上，頁 112。
11　同上，頁 121。
12　參看〈娜拉走後怎樣〉1 文，《魯迅全集》，第 1 冊，頁 158。
13　《魯迅全集》，第 2 冊，頁 126。

容，或者使她快意……。[14]

〈傷逝〉的語言非常優美，簡直可以說是散文詩，前引一段就是很好的例子。再如開頭的一句（也是一段）：

如果我能夠，我要寫下我的悔恨和悲哀，為子君，為自己。[15]

使讀者一開篇就沉入一種如泣如訴、一唱三嘆的情調中，而造句上的如詩歌一般的節奏感也是立刻可以感覺到的。這種如詩的詠歎幾乎貫串全文，一直到小說結尾：

……我活著，我總得向著新的生路跨出去，那第一步，──卻不過是寫下我的悔恨和悲哀，為子君、為自己。……我要向著新的生路跨進第一步去，我要將真實深深地藏在心的創傷中，默默地前行，用遺忘和說謊做我的前導……[16]

魯迅的小說，篇篇都是精品，篇篇都是典範，篇篇都是首創，在主題與技巧上也絕無重複，以上六篇，只是一個輪廓性的介紹。

除《吶喊》與《徬徨》之外，魯迅還有一本專以先秦傳統或神話爲題材的小說集《故事新編》，共收〈補天〉、〈奔月〉、〈理水〉、〈采薇〉、〈鑄劍〉、〈出關〉、〈非攻〉、〈起死〉等 8 篇小說。其中如〈補天〉、〈鑄劍〉都很精采，這裡就不一一介紹了。

---

14 同上，頁 130。
15 同上，頁 110。
16 同上，頁 130。

第四章　郁達夫的《沈淪》與丁玲的《莎菲女士的日記》

　　第一篇成功的現代中國小說是魯迅寫的，但是第一個出版現代小說集的卻是郁達夫。郁達夫的小說集《沈淪》（包括〈沈淪〉、〈銀灰色的死〉、〈南遷〉等 3 篇小說），於 1921 年十月由上海泰東圖書局出版，早於《吶喊》一年又十個月。

　　郁達夫，浙江富陽縣人，原名文，字達夫，生於 1896 年 12 月 7 日，1945 年 9 月 17 日被日軍秘密殺害於印尼之丹戎革岱荒野，得年 49 歲。

　　郁達夫是新文學運動早期著名文學團體創造社[1]的重要發起人與主要作家。創造社前期提倡「為藝術而藝術」，與文學研究會的「為人生的藝術」分庭抗禮，張起了新文學浪漫主義的一翼。而這浪漫主義的主要掌旗人是兩位，一位是郭沫若，另一位就是郁達夫了。郭沫若在小說方面的成就遠不能與郁達夫比，所以事

1　創造社於 1921 年 7 月成立於東京，主要發起人有郭沫若、郁達夫、成仿吾、田漢、張資平等人。早期主張「為藝術而藝術」，後來則轉向提倡革命文學。先後創辦了《創造季刊》、《創造週報》、《創造日》、《創造月刊》、《洪水》、《文化批判》、《流沙》、《思想》、《新思潮》等刊物。1930 年「左翼作家聯盟」成立後，其成員大多投身左翼文藝運動，創造社也無形中消失。

實上郁達夫可以說是中國現代小說中浪漫主義最早也最重要的一位代表作家。

　　郁達夫小說中的浪漫主義主要表現為感傷的抒情傾向與強烈的主觀色彩，再加上「自敘傳」式的文體和清新流麗的語言，形成一種「郁達夫體」，在二十年代的文壇，尤其是青年讀者中，產生過很大的影響。

　　郁達夫的小說明顯地受到曾經在日本明治時代風行一時的「私小說」[2]的影響，他的小說大部分都以「我」（或化身為「他」的「我」，如〈沈淪〉）的主人翁，這個「我」又大多是一個有憂鬱孤獨的氣質和纖細敏感的才情的知識分子，基本上也就是作者自己。他很服膺法國小說家法朗士（Anatole France, 1844-1924）的名言：「一切文學作品都是作家的自敘傳。」所以他的小說始終以「自我」為原型，他小說的內容，大抵就是他的生活遭遇，他的內心感情和他的交接往來之人及足跡所到之處。這個「我」（或化身為「他」的「我」）不僅是一個敏感多情的知識青年，而且在多數情形下，是一個憤世嫉俗的青年，是深刻不滿於現實的黑暗而又無力反抗的弱者、是自覺前途無望、於社會無補的「廢人」、「零餘者」[3]；他對於傳統的禮教、道德、倫理，尤其是男女之間的規範常有一種反叛的情緒，有時甚至取一種挑戰的姿態，但這種反叛與挑戰卻每每以一種自暴自棄的發洩甚或變態的方式出

2　「私小說」是日本現代小說的一種特別形式，它以作家的身邊事情作為題材，大膽地描寫靈與肉的衝突。「私」在日本語中即「我」字之意。日本「私小說」的代表作家有田山花袋、德田秋聲、葛西善藏、志賀直哉等人。

3　即「多餘的人」，郁達夫喜用這個詞。如《蔦蘿行》的主角自嘆為「一個生則無補於世、死亦無損於人的零餘者。」

現。於是，有人便以「頹廢」和「色情」來概括郁達夫的小說，這自然沒有打中要害。鄭伯奇在《中國新文學大系・小說三集・導言》中說：「不過，在這裏，我們應該加以注意：創造社的傾向雖然包含了世紀末的種種流派的夾雜物，但，牠的浪漫主義始終富於反抗的精神和破壞的情緒。用新式的術語，這是革命的浪漫主義。牠以後的發展在牠的發端就預約了的。」[4]這可以移來評價郁達夫小說的主要思想傾向，即「反抗」與「破壞」，反抗社會的黑暗，破壞傳統的禮教，儘管是以一種憤激、發洩、傷感、變態的方式表現出來，仍不能掩蓋其精神的實質。當然，這種反抗與破壞的情緒究竟在多大程度上是值得肯定的，那是一個見仁見智的問題；但在五四時代的中國青年中普遍存在著這種情緒則是可以斷定的，因而也就難怪郁達夫的小說在當時的青年中會有那樣大的影響了。

　　郁達夫本質上是一個抒情詩人，他的小說只不過是以散文的形式來抒發感情、表白自己而已，所以他的小說常常使人覺得像是抒情散文，而不像小說；作為小說，總嫌太主觀、太直露，結構上也太散。他的語言雖然清新流麗，「筆端常帶感情」，但是頗傷稚嫩，不耐咀嚼，也不夠簡練，歐化又太明顯。總之，是「年輕」有餘，而「老練」不足。本來，郁達夫的小說也都作於 25 歲到 39 歲之間，要他怎樣「老練」也是很難的。

　　下面，我們選他的短篇小說〈沈淪〉來作一個賞析。

　　〈沈淪〉寫於 1921 年，是郁達夫的成名作。它以取材的特

---

4 趙家璧主編，《中國新文學大系》，台北：業強出版社，1990 年 1 月，第 5 冊「小說三集」導言，頁 13。

別與大膽，表現的率眞與露骨，震驚了當時的文壇。跟魯迅的〈狂人日記〉相彷彿，〈沈淪〉所揭示的主題也有一種震世駭俗的味道，它使舊傳統的衛道者目瞪口呆，卻贏得了不滿於現狀的青年們的感動與共鳴。

　　〈沈淪〉的主題是在表現一個青年的苦悶與掙扎，最後掙扎失敗而自殺。這種苦悶發生在一個特定的時空下，有著複雜的內涵，但基本上是以性的苦悶爲中心。主角「他」21 歲，正在日本留學。「他」是一個多愁善感的神經質的青年，極其敏感，又極其脆弱；自視甚高而又意志薄弱；他渴望異性之愛而不可得；他抵擋不住異性的誘惑、性慾的襲擊，而又將此視爲犯罪，視爲沈淪，並不甘心於這樣的沈淪。作者把他這種矛盾掙扎的心理寫得非常眞切。例如作者寫他的手淫：

> 他本來是一個非常愛高尚潔淨的人，然而一到了這邪念發生的時候，他的智力也無用了，他的良心也麻痺了，他從小服膺的「身體髮膚不敢毀傷」的聖訓，也不能顧全了。他犯了罪之後，每深自痛悔，切齒的說，下次絕不再犯了，然而到了第二天的那個時候，種種幻想，又活潑潑的到他的眼前來。他平時所看見的「伊扶」的遺類，都赤裸裸地來引誘他，中年以後的婦人的形體，在他的腦裏，比處女更有挑撥他情動的地方。他苦悶一場，惡鬥一場，終究不得不做他們的俘虜。[5]

　　又如寫「他」有一次偶然聽到一對男女的幽會：

5 《中國新文學大師名作賞析‧郁達夫》，台北：海風出版社，1990 年 1 月，頁 43-44。

他忽然聽見兩人的嘴唇，灼灼的好像在那裏吮吸的樣子。
他同偷了食的野狗一樣，就驚心吊膽的把身子屈倒去聽了。
「你去死吧，你去死吧，你怎麼會下流到這樣的地步！」
他心裏雖然如此的在那裏痛罵自己，然而他那一雙尖著的
耳朵，卻一言半語也不願遺漏，用了全副精神在那裏聽著。
地上的落葉索悉索悉的響了一下。

解衣帶的聲音。

男人嘶嘶的吐了幾口氣。

舌尖吮吸的聲音。

女人半輕半重，斷斷續續的說：

「你，……你！……快××吧。……別！……別……別被
人……被人看見了。」

他的面色，一霎時的變了灰色了。他的眼睛同火也似的紅
了起來。他的上齶骨同下齶骨呷呷的發起顫來。他再也站
不住了。他想跑開去，但是他的兩隻腳，總不聽他的話。
他苦悶了一場，聽聽兩人出去了之後，就同落水的貓狗一
樣，回到樓上房裏去，拿出被窩來睡了。[6]

　　主角「他」在強烈而沒有出路的性苦悶的壓迫下反覆輾轉、
掙扎，加之異鄉的孤寂得不到排解，家世的不幸、兄弟的反目，
又加深了他乖僻、離群的個性。所有這一切匯成他滿腹的牢騷，
滿腔的怨憤，於是自負、自憐、自恨，交織在一起，愈陷愈深，
不能自拔。他的下意識裏，把這一切最終歸結為一個中國士大夫

---

6 同上，頁 57-58。

的古老情結:「時命不濟」。而一個二十世紀初的中國留日學生的「時命不濟」又 很自然地會跟中國當時的國勢連在一起,覺得自己的不幸是祖國的不強大所造成的,連自己的不能得到女性─特別是日本女性─之愛也是祖國的不強大造成的,覺得是祖國誤了自己,於是自憐自責又一變而為對祖國的既愛且恨。「他」在日記中寫道:

> 我何苦要到日本來,我何苦要求學問。既然到了日本,那
> 自然不得不被他們日本人輕侮的,中國呀中國!你怎麼不
> 富強起來,……[7]

他終於投海自殺了,「他」竟把他的死也歸罪於「祖國」:

> 「祖國呀祖國,我的死是你害我的!」[8]

「他」的這種主要由性而引起的苦悶和掙扎,顯然不僅僅只是生理的反應,而的確有其社會內涵和時代內涵。尤其是那種個人的不幸與時代的黑暗交織而生的對祖國的「愛 ── 恨」情結,在五四時代的青年中有某種普遍性,我們可以從那一個時代的作家(例如魯迅、郭沫若、巴金、老舍、朱自清等等)的作品中很容易地感受到。弱者因此而走向沈淪、自戕,強者則因此而反抗、而發憤,致力於國家的改造與社會的革命。《沈淪》的主角正是一個新舊交替的時代中,由舊的傳統教育出來,卻無力面對新的變化,更無力催生新的制度,終於以自我毀滅來結束其矛盾與無力的生存的一個弱者的典型。正是在這一點上,《沈淪》的時代意義

---

7 同上,頁 32。
8 同上,頁 69。

與審美價值才得以凸現出來。這個弱者的「他」與魯迅所塑造出來的強者的「狂人」，都有促進我們反省與深思的意義。

《沈淪》在表現形式上也有許多與傳統小說大異其趣的地方，例如以人物性格、情緒，而非故事、情節作敘事結構的中心（這從小說的第一句話「他近來覺得孤冷的可憐」就可以看出來），敘事不按自然順序（三、四節是追敘），雖是第三人稱小說卻不取全知角度而是以「他」爲視角人物限制其敘事範圍，份量極重的心理描寫（傳統小說甚少刻畫人物心理），濃厚的抒情色彩（在傳統文學中這是詩詞的領域，小說的任務是講故事），語言之自然，體裁之隨意，詩與日記之插入（傳統小說中插詩詞的有，插日記絕無，就是插詩詞也是「有詩爲證」式，與《沈淪》以詩來襯托人物心情不一樣）等等。這一方面是受到外國文學的影響（郁氏自稱在日本讀書時就看了一千多種外國小說），一方面也是繼承了晚清小說和新小說（例如《花月痕》和《玉梨魂》）在這方面的探索，不過郁達夫走得更遠罷了。就連郁達夫小說中反覆出現的那個頹廢、潦倒、自覺反抗無力的「廢人」、「零餘者」的形象，也是一方面受了俄國十九世紀小說中「多餘的人」形象的啓迪，同時又是賈寶玉（《紅樓夢》）、韋痴珠（《花月痕》）這一類人物的一個發展。

郁達夫的《沈淪》和其他小說在五四時代的青年讀者中有過不小的影響，也頗有仿作者。丁玲發表於 1928 年的短篇小說《莎菲女士的日記》就與《沈淪》相當神似，而其藝術成就則或許更高。丁玲，原名蔣冰之，湖南醴陵人，1904 年生，曾經是中共紅極一時的女作家。1957 年劃爲右派，銷聲匿跡二十餘年，1978

年復出文壇，並於 1981 年訪問美、加，卒於 1986 年。《莎菲女士的日記》是她的第二篇小說，也是她的成名作。

　　同《沈淪》一樣，《莎菲女士的日記》的主題也是表現一個青年的苦悶與掙扎，也以性愛為切入點，而這種苦悶與掙扎在本質上有著強烈的時代內涵。它是新舊交替時代，由舊傳統教育出來而又感染到新時代的氣息的青年，在精神上苦悶掙扎、不知所歸，以性愛為觸媒而爆發出來的痛苦呻吟。

　　與《沈淪》的男主角「他」不同的是，莎菲的苦悶主要不是來源於性慾的不能滿足，也不是得不到異性的愛，莎菲的苦悶來源於她不知道她到底愛什麼，能夠給她愛的男人卻並不能滿足她對於愛的渴望與理想，而她渴望與理想的愛人究竟是怎樣的，其實她自己也不甚了解。葦弟是愛她的，而且很真誠，可是她嫌他幼稚，嫌他在男女風情上太笨拙、太老實。他不夠「壞」。那麼，莎菲是要一個在男女風情上成熟的「壞」男人嗎？這樣的男人後來出現了，那就是南洋僑生凌吉士。凌吉士讓莎菲「第一次感覺到男人的美」，莎菲對他的「碩長的身軀，白嫩的面龐，薄薄的小嘴唇，柔軟的頭髮」起了一種發狂的迷戀。凌吉士在男女情事上是成熟的，他是一個已婚的男人，並且有過許多女人，他是一個很懂男女風情的「壞蛋」。凌吉士終於被莎菲鼓勵起來示愛了，可是莎菲滿足嗎？不，因為莎菲看出了他的情意的淺薄和志趣的庸俗。於是莎菲便掙扎在自己的情慾與理智、肉體與精神的痛苦交戰之中：

　　　　誰說他不是一個壞蛋呢，他懂得了。他敢於把我的雙手握
　　　　得緊緊的。他說：「莎菲，你捉弄我了。每天我走你門前過，

都不敢進來，不是雲霖告訴我說你不會生我氣，那我今天還不敢來。你，莎菲，你厭煩我不呢？」

誰都可以體會得出來，假使他這時敢於擁抱我，狂亂的吻我，我一定會倒在他手腕上哭出來：「我愛你呵！我愛你呵！」但他卻如此的冷淡，冷淡得使我又恨他了。然而我心裏在想：「來呀，抱我，我要吻你咧！」自然，他依舊握著我的手，把眼光緊盯在我臉上，然而我搜遍了，在他的各種表示中，我得不著我所等待於他的賜予。為什麼他僅僅只懂得我的無用，我的不可輕侮，而不夠了解他在我心中所佔的是一種怎樣的地位！我恨不得用腳尖踢他出去，不過我又為另一種情緒所支配，我向他搖頭，表示不厭煩他的來到。

於是我又很柔順地接受了他許多淺薄的情意，聽他說著那些使他津津回味的卑劣享樂，以及「賺錢和花錢」的人生意義，並承他暗示我許多做女人的本分。這些又使我看不起他，暗罵他，嘲笑他，我拿我的拳頭，隱隱痛擊我的心，但當他揚揚地走出我房時，我受逼得又想哭了。因為我壓制住我那狂熱的慾念，未曾請求他多留一會兒。

唉，他走了！

這種痛苦的矛盾心情反反覆覆，時而此勝，時而彼勝，小說把這一點寫得極為生動。有時，莎菲對凌吉士的肉體的迷戀眞可說到了瘋狂的程度：「我敢斷定，假使他能把我緊緊地擁抱著，讓我吻遍他全身，然後把我丟下海去，丟下火去，我都會快樂地閉

著眼睛等待那可以永久保藏我那愛情的死的到來。」[9]但緊接著，莎菲的精神又催她逃離：

> 我決心了。我為拯救我自己被一種色的誘惑而墮落，我明早便到夏那兒去，以免看見凌吉士又痛苦，這痛苦已纏縛我如是之久了！[10]

但她最後還是讓他擁抱，吻了，而在擁吻的同時，她又厭惡他，且鄙夷自己：「為什麼呢？給一個如此我看不起的男人接吻？既不愛他，還嘲笑他，又讓他來擁抱？」[11]「我只從那滿足中感到勝利，從這勝利中得到淒涼，而更深的認識我自己的可憐處。」[12]

莎菲要的是什麼？她要一個了解她的人，一個真正的知己。她反覆地說：「誰能了解我呢？」[13]「我無能使他了解我而敬重我。」[14]「我只能哭，想有那麼一個人來讓我倒在他懷裏哭，並告訴他：『我又糟蹋我自己了！』不過誰能了解我，抱我，撫慰我呢？」[15]

現在我們要問：這個渴求異性了解而敬重的「我」，究竟又是一個怎樣的「我」呢？恐怕問莎菲自己，她也會茫然的吧？其實這個「我」，這個渴求靈肉合一的異性愛的「我」，這個在精神上極不滿足、痛苦追求，然而又茫然不知自己究竟要什麼的「我」，正是一個時代精神的負荷者，正是一個由「舊」所哺育出來，卻

9　同上，頁33。
10　同上，頁34。
11　同上，頁40。
12　同上，頁38。
13　同上，頁32。
14　同上，頁33。
15　同上，頁24。

感受到「新」的風濤，有了「新」的追求，但一時還不知道「新」在哪裏，怎樣才得得到「新」的苦悶者、徬徨者，與其說她要的是一個外表漂亮而又志趣高尚的異性，不如說她渴望的是一個思想上強而有力的人引導她走出精神的困境，奔向那個她已經感到卻還看不清楚的未來。

丁玲以內在的叛逆，女性的敏感和小說家的細膩，為我們捕捉了並且相當完美地呈現了這個過渡時代的另一個精靈 —— 一個介於「狂人」與「沈淪者」之間的精靈。而這，正是《莎菲女士的日記》的時代意義與審美價值之所在。

第五章　茅盾及其《子夜》

　　中國現代小說早期的佳績都表現在短中篇，至於長篇小說，則要待茅盾的《蝕》（包括〈幻滅〉、〈動搖〉、〈追求〉三個中篇，分別發表於 1927 年 9 月，10 月；1928 年 1 月～3 月；1928 年 6 月～9 月的《小說月報》）、《虹》（發表於 1929 年 4 月的《小說月報》，未刊完）及《子夜》（1933 年 1 月開明書店出版）出來，才算是奠定了堅實的基礎。

　　茅盾，原名沈德鴻，字雁冰，茅盾是他 1927 年發表第一部長篇小說《蝕》開始用的筆名，浙江桐鄉縣烏鎮人。1896 年 7 月 4 日生，1981 年 3 月 27 日去世，得年 85 歲。

　　茅盾是新文學運動早期最重要的文學社團文學研究會[1]的發起人之 1，1921～23 年任《小說月報》的主編，是著名的翻譯家、文學批評家及文化活動家。1912 年參加共產黨，1927 年因失去聯絡而退出。1930 年左翼作家聯盟成立時，茅盾是發起人，並任行政書記。中共建國後，茅盾出任全國文聯副主席、作協主席、文

---

[1] 文學研究會是新文學運動中第一個也是最重要的一個文學社團，成立於 1921 年 1 月，發起人有周作人、朱希祖、蔣百里、鄭振鐸、耿濟之、瞿世英、郭紹虞、孫伏園、沈雁冰、葉紹鈞、許地山、王統照等十二人，主張「為人生的藝術」，主要刊物有《小說月報》、《文學週報》、《詩》月刊等，一直活動至 1932 年。

化部長,並兼《人民文學》主編。1964 年 12 月,免去文化部長,轉任有名無實的全國政治協商會議副主席。文革結束後,1978 年茅盾復出,當選為文聯名譽主席、作協主席、直至去世。中共在悼詞中稱茅盾為「我國現代進步文化的先驅者,偉大的革命文學家」,其在大陸文壇的地位僅次於魯迅與郭沫若。

茅盾早期致力於文學理論與批評,但他後來的成就卻主要表現在小說創作上,尤其是長篇小說的創作。他的第一部長篇小說《蝕》和第 2 部長篇小說《虹》在當時已獲好評。而給茅盾帶來巨大名聲,且一直為大陸文壇視為現實主義經典名作的則是他的第三部長篇小說《子夜》。我們現在就來對《子夜》作一個重點剖析。

《子夜》的故事發生在 1930 年 5 月至 7 月的上海。當時正值世界性經濟衰退並波及到中國,國內則有政客汪精衛勾結軍閥馮玉祥、閻錫山、李宗仁與中央政府對抗,爆發了為時近半年(1930 年 4 月至 9 月)的有名的「中原大戰」。同時,共產黨乘機在各地發動革命,在鄉村有農民暴動,在城市有工人罷工,7 月,共軍彭德懷部且攻陷長沙。在知識界,當年夏秋之交曾發生過一場熱烈的關於中國社會性質問題的論戰。據作者說,他寫《子夜》同這場論戰頗有關係:

> 這部小說的寫作意圖同當時頗為熱鬧的中國社會性質論戰有關。當時參加論戰者,大致提出了這樣三個論點:一、中國社會依然是半封建半殖民地的性質。打倒國民黨法西斯政權(它是代表了帝國主義、大地主、官僚買辦資產階級的利益的),是當時革命的任務;工人、農民是革命的主

力；革命領導權必須掌握在共產黨手中。這是革命派。二、認為中國已經走上了資本主義道路，反帝、反封建的任務應由中國資產階級來擔任。這是托派。三、認為中國的民族資產階級可以在既反對共產黨所領導的民族、民主革命運動，也反對官僚買辦資產階級的夾縫中取得生存與發展，從而建立歐美式的資產階級政權。這是當時一些自稱為進步的資產階級學者的論點。《子夜》通過吳蓀甫一伙的終於買辦化，強烈地駁斥了後二派的謬論。在這一點上，《子夜》的寫作意圖和實踐，算是比較接近的。[2]

關於《子夜》的主題，茅盾在 1939 年一次演講中曾經說到：

我那時打算用小說的形式寫出以下的三個方向：（1）民族工業在帝國主義經濟侵略的壓迫下，在世界經濟恐慌的影響下，在農村破產的環境下，為要自保，便用更加殘酷的手段加緊對工人階級的剝削；（2）因此引起了工人階級的經濟的政治的鬥爭；（3）當時的南北大戰，農村經濟破產以及農民暴動又加深了民族工業的恐慌。[3]

如果我們把毛澤東在 1930 年 1 月寫的〈星星之火，可以燎原〉一文取來同讀，就可以發現二者在分析中國當時社會狀況時的驚人的一致：

伴隨著帝國主義和中國民族工業的矛盾而來的，是中國民

---

2 茅盾：〈再來補充幾句〉，1977 年 10 月 9 日為《子夜》重版時所作，見《茅盾選集・子夜》，四川文藝出版社，成都，1982 年 7 月，頁 467。

3 茅盾：〈《子夜》是怎樣寫成的〉，原文發表於 1939 年 6 月 1 日《新疆日報》幅刊《綠洲》，這裏轉引自王瑤《中國新文學史稿》，上海文藝出版社，1982 年 11 月修訂重版，頁 257。

族工業得不到帝國主義的讓步的事實，這就發展了中國資產階級和中國工人階級之間的矛盾，中國資本家從拼命壓榨工人找出路，中國工人則給以抵抗。伴隨著帝國主義的商品侵略，中國商業資本的剝蝕，和政府的賦稅加重等項情況，便使地主階級和農民的矛盾更加深刻化，即地租和高利貸的剝削更加重了，農民則更加仇恨地主。因為外資的壓迫，廣大工農群眾購買力的枯竭和政府賦稅的加重，使得國貨商人和獨立生產者日益走上破產的道路。……如果我們認識了以上這些矛盾，就知道中國是處在怎樣一種惶惶不可終日的局面之下，處在怎樣一種混亂狀態之下。就知道反帝及軍閥反地主的革命高潮，是怎樣不可避免，而且是很快會要到來。4

茅盾在寫作《子夜》前是否讀過毛的這篇文章，我們不得而知，但讀過的可能性很大，因為茅盾其時雖已在形式上脫離了共產黨，但與共產黨仍然有極密切的聯繫，茅盾寫作《子夜》的過程中，共產黨前總書記瞿秋白就一度在他家避難，茅盾還同他商討過《子夜》當中的某些情節和章節5。茅盾即使沒有讀到毛的原文，但對中共對時局的分析一定是很清楚的，看來，茅盾完全接受了這樣的分析。

了解以上的背景，對於我們閱讀《子夜》很有必要。它不僅讓我們容易進入故事，懂得作者在說什麼和要說什麼，而且它使

---

4 毛澤東：《毛澤東選集》，北京，人民出版社，1964 年 4 月初版，1966 年 7 月改橫排本，頁 98。
5 沈衛威《艱辛的人生‧茅盾傳》，台北，業強出版社，1991 年十月，頁 145。

我們警覺到,《子夜》是一部有強烈意識形態傾向的作品,是一部「主題先行」的作品,它不可避免地要以馬克思主義觀點(或說當時中共左派的觀點)來分析、圖解當時的中國社會與活動於其中的人物,而不可能保持真正客觀的寫實主義態度。

撇開意識形態不論,《子夜》無疑是中國現代小說中結構最宏偉,呈現的社會面最廣闊,描寫的人物也最多(近百人)的少數幾部小說之一,在當時則是第一部。茅盾本來的野心是要以上海資本家為中心,繪出一幅 1930 年的中國社會百態圖,他在 1932 年十二月為《子夜》初版所寫的後記中說:

> 1930 年夏秋之交,我因為神經衰弱,胃病,目疾,同時並作,足有半年多不能讀書作文,於是每天訪親問友,在一些忙人中間鬼混,消磨時光。就在那時候,我有了大規模地描寫中國社會現象的企圖。
>
> ……我的原定計劃比現在寫成的還要大許多。例如農村的經濟情形,小市鎮居民的意識形態(這絕不像某一班人所想像那樣單純)以及 1930 年的「新儒林外史」—— 我本來都打算連鎖到現在這本書的總結之內;又如書中已經描寫到的幾個小結構,本也打算還要發展得充分些;可是都因為今夏的酷熱,損害了我的健康,只好馬馬虎虎割棄了,因而本書就成為現在的樣子 —— 偏重於都市生活的描寫。[6]

作者的自白是可信的,從《子夜》的結構看來,作者顯然是以吳蓀甫和趙伯韜的矛盾鬥爭作為貫穿全書的主線,同時展開了

---

6 茅盾:《子夜》1 書初版時的〈後記〉,同②,頁 464。

公債鬥法、工廠罷工、農民暴動三條線索的交織穿插，再以吳府親友的身份點綴若干文化界人士及知識青年。這樣，就把當時中國社會的幾個主要階層：城市中的資本家、工人階級、知識分子；農村中的地主、農民都刻畫到了，至於當時的軍政界及鬧革命的共產黨，作品雖未正面描寫，但也在敘述上述三條主線時涉及到了。這個佈局是宏偉的，也是非常聰明的，但完成後的《子夜》則正如作者自己所承認的只是部分地達成了這個構想，卻未能完全實現作者的野心。寫農村的第四章，顯然是開而未展，結果成為全書的遊離部分，我們因而無法從《子夜》中窺知 1930 年代中國農村的具體情形。寫工人運動的雖有三、四章（13 至 16 章）之多，但也還是沒有充分展開，至少當時工人階級具體的生活狀況在小說中並未得到呈現。至於知識分子，雖然著墨不少，但這些人物在《子夜》中似乎都只是點綴空檔、插科打諢式的過場人物，除了一兩個較為實在外，其餘大多只給我們留下一張張漫畫式的浮泛臉譜。

　　《子夜》真正著力刻畫的，也的確寫得很成功的還是資本家。如上海工業界鉅子、民族資本家吳蓀甫，買辦資本家、金融界魔頭趙伯韜，搖擺不定專做金融投機生意的資本家杜竹齋，由政客蛻變過來的資本家尚仲禮，現在還同政界關係密切的資本家兼政客唐雲山，同吳蓀甫合組益中公司的資本家孫吉人、王和甫，在經濟蕭條面前苦苦掙扎的小資本家朱吟秋、陳君宜、周仲偉以及圍繞公債市場團團轉的各式各樣的人物，如小戶頭馮雲卿、李壯飛、何慎庵；交際花兼情婦兼情報探子徐曼麗、劉玉英、馮眉卿等等，簡直就是一幅資本世界的「百怪圖」。

　　曾經遊歷過西方，有愛國心，立志發展民族工業的產業資本家吳蓀甫是《子夜》的主角，是一切線索的交點與矛盾的集中點，也是作者在書中著墨最多的人物。他在上海擁有大規模的絲廠，在家鄉雙橋鎮也經營有發電站、榨油廠、碾米廠。當時由於世界經濟衰退和國內戰爭的影響，許多廠家瀕於困境。較小的資本家周仲偉、王和甫、陳君宜、朱吟秋在和汪精衛有聯繫的政客唐雲山的鼓勵下，想聯合吳蓀甫組成一個大的金融機構，以便流通資本，互相維持。這時，有美國金融資本作為後臺，人稱「公債魔王」的買辦資本家趙伯韜出來作對，拉攏尚仲禮、杜竹齋，收買西北軍偽裝退卻，操縱公債市場，企圖壓垮吳蓀甫等人。吳蓀甫一方面要費盡心機與趙伯韜鬥法，一方面又為工廠工人的罷工傷透腦筋，家鄉雙橋鎮又傳來農民暴動的消息，他多年苦心經營的「雙橋王國」毀於一旦。雄心勃勃、精明強幹、敢作敢為的吳蓀甫在「三條火線」上同時作戰，他敉平了工廠工人的罷工，甩掉了家鄉的包袱，與孫吉人、王和甫、唐雲山組織了益中信託公司，吞併了朱吟秋的絲廠，陳君宜的綢廠和其他八個小廠，並想與日本人在上海的企業抗衡。但是由於外國資本的侵略，世界經濟的不景氣，吳蓀甫等人的益中公司面臨困境，費盡心力收買過來的小廠反倒成了脫不下的「濕布衫」，於是被迫參與金融投機，決心在公債市場與趙伯韜背水一戰。吳蓀甫將全部財產作賭注大量賣出，想迫使買進看漲的趙伯韜就範。不料在關鍵時刻吳的姐夫杜竹齋倒戈相向，偷偷把資金投到趙伯韜方面，結果，使吳功敗垂成，完全破產。

　　在這一場歷時兩月的緊張激烈的鬥爭中，作者成功地展現了

吳蓀甫的雙重性格和悲劇命運。他一方面有頗強的愛國心,有「站在民族工業立場的義憤」,另一方面在關鍵時刻真正壓倒一切的還是「個人利害的籌慮」。一方面,他以「辦實業」為榮,瞧不起杜竹齋之流專做地皮、金子、公債的買賣,另一方面在「不得已」的時候,他也會加入公債投機的行列。一方面,他精明強悍,剛強果決,威嚴自持,但另一方面,他又狐疑惶惑,失敗時就垂頭喪氣,煩躁不堪,也會以「死的跳舞」來麻痺自己,甚至以強暴女傭來發洩。一方面,他做人力求誠實仁愛,另一方面,他對罷工的工人,暴動的農民又有切齒的痛恨,鎮壓起來心狠手辣。按照中共的階級分析,民族資產階級具有兩重性,即反對帝國主義、發展民族工業的進步性和唯利是圖、壓迫人民的反動性,作者刻畫吳蓀甫的雙重性格,顯然是中共這種階級分析的形象演繹,但因為沒有脫離生活的感性,所以還是可信的。吳蓀甫雖然雄心勃勃也很有才幹,但終於鬥不過趙伯韜,最後幾至眾叛親離,差一點自殺。作者描寫吳蓀甫這種看來無法避免的悲劇,當然是旨在告訴讀者,在半封建半殖民地的中國,民族資產階級是肩負不了為中國開闢新路的重任的。

　　相形之下,趙伯韜的形象就只有一面,而沒有立體感了。這個人財力雄厚,奸詐狡猾,成天在金錢和女人堆裏打滾,可說是壞透了。因為按照中共的階級分析,買辦資產階級是最反動最腐朽的階級,我們不可能在這種人身上看到一點「天良」。不過,茅盾在寫趙伯韜的「壞」的時候,寫得爽快、大方,頗有特色。試看書中寫李玉亭去飯店看趙伯韜,正碰上趙的情婦剛剛從浴室出來,趙炫耀地把女人介紹給李玉亭看的那一段(第九章,頁 218

～219），實在寫得生動精彩，極貼合趙的身份與性格。

由「吃田地的土蜘蛛」進城作寓公，混跡公債市場，作點投機生意的小戶馮雲卿正好可拿來同趙伯韜作比較，這個人就壞得小眉小眼，壞得沒有「品味」，他竟然爲了探取公債情報而慫恿自己親生的十七歲女兒馮眉卿向趙伯韜投懷送抱。作者細緻地刻畫了馮雲卿在這過程中的心理活動，包括他的「天良」一現時的自責自愧，越發令人看了作三日嘔。

《子夜》中呈現的農民運動和工人運動並不精彩，也不詳細，但茅盾沒有按照中共的階級分析把工人和農民寫得如何高大，把工運和農運寫得如何正義，倒是很誠實地寫出了他們的混亂與盲目，以及其中一些活動分子的本來面目（例如十五章寫罷工領導者的會議，頁 371～381），這是值得稱道的─儘管中共所有的文學史都對此點加以批評，茅盾自己也不得不承認因爲不熟悉，所以沒有寫好。在工人群像中，一向被左派視爲「工賊」的人物屠維嶽卻是一個出色的例外。這個人雖然不脫「鷹犬」式的角色，但是作者把他寫得機警、鎮定、有骨氣、有膽量，在吳蓀甫面前不卑不亢，在工人面前雖然狡詐狠毒，也還有相當的格調。總之，作者沒有把他漫畫化，而是用寫實的筆法把他刻畫得合情合理，令人信服─雖然有些地方稍嫌誇張些。

《子夜》的組織結構具見匠心。第一章寫吳老太爺由鄉下搬來上海，因看不慣上海的繁華，而猝然中風死去，一方面借此象徵中國封建主義的必然滅亡，預示作品探討中國社會性質及發展前途的意圖；另一方面則借吳老太爺的喪禮集合與下文有關的主要人物，作一個總閱兵式的開場，以便急速開展後面的情節。這

樣做的結果，吳老太爺在很大程度上寫成了一個漫畫式的象徵符
號（連他的「半身不遂」也似乎在象徵中國社會的「半封建半殖
民地」性質，更不要說「太上感應篇」完全成爲舊的倫理道德與
意識形態的符號了），未免與全書的寫實筆調不相諧調；借喪禮作
人物亮相也未免有點討巧，但對於要把如此廣闊的社會題材濃縮
在兩個月內來加以表現的《子夜》來說，大概也沒有更合適的開
頭了。下面便緊緊扣住吳、趙鬥法的主線，輔以工運、農運的副
線，多面展開，但始終以吳蓀甫爲聚焦點，以吳府爲集散地，繁
而不亂，主次分明，顯示了作者高度的組織才能。

《子夜》的敘事風格是客觀而不冷峻，細膩而稍嫌囉嗦，流
利有餘而韻味不足。作者喜寫人物對話，但話語與人物個性的契
合做得並不算很好，其中吳蓀甫、屠維嶽、周仲偉幾個性格鮮明
的人語言也比較鮮明（屠維嶽有些話仍嫌誇張），其他人的語言的
差別就不大明顯了，尤其是作者理應最熟悉的知識青年的語言反
而寫得最不好，瘋瘋顛顛，過分戲劇化，不像是對話而像是背台
詞。

茅盾的小說一向以善於描寫人物心理，尤其是女性心理見
長，《子夜》一書中亦有相當篇幅的心理描寫，其中對吳蓀甫心理
活動的描寫最爲出色，如十七章後半部對吳蓀甫被趙伯韜逼得走
投無路時的內心活動的大膽描寫，暴怒、懊惱、回憶、幻覺（頁
418～425），可謂細膩入微，淋漓盡致。又如馮雲卿慫恿女兒作「美
人計」時的內心活動的描寫（第八章，頁 194～200），既眞實又
極盡諷刺之能事。但令人奇怪的是，《子夜》一書中的幾段女性心
理描寫卻並不見精彩。

　　總之,《子夜》是一部有份量的中國現代小說,它有許多值得我們稱道的地方,但也不乏失敗之處。作為一本在先驗的意識形態指導之下寫出來的小說,它有一種特殊的認識價值,不容我們隨便輕忽。

第六章　沈從文與《邊城》

　　沈從文是中國現代文壇上的一個傳奇人物，不僅他的生平、他的文學生涯非常奇特，與眾不同，他的作品—散文與小說—也都別樹一幟，風格獨具。「他從一個偏僻閉塞的小城，懷著極其天真的幻想，跑進一個五方雜處、新舊薈萃的大城。連標點符號都不會用，就想用手中一支筆打出一個天下。他的幻想居然實現了。他寫了四十幾本書，比很多人寫得都好。」[1]　　　.

　　沈從文，本名沈岳煥，1902 年 12 月 28 日出生在湖南西部毗鄰貴州的一個小山城—鳳凰。祖父和父親都是軍人，祖父曾是平定太平天國的湘軍中的一員青年戰將，二十多一點便做到貴州提督，死時才 26 歲。父親是叔祖之子過繼的，為一苗女所生，母親則是土家人。所以沈從文身上有漢、苗、土家三族的血統。沈從文受到的正規教育可說很少，他 13 歲那年，高小尚未畢業，就進了一個預備兵訓練班，次年正式加入地方部隊，駐防沅凌，此後 56 年間，隨軍輾轉湘黔川邊境。他在軍隊裏先是小兵，後作上士

---

1 汪曾祺：《沈從文史詩》序，金介甫著《沈從文史詩》，台北，幼獅文化事業公司，1995 年 7 月，頁 2。按此處說「他寫了四十幾本書」，其實還不止此數。按《沈從文史詩》中譯者符家欽統計，沈從文在他從事創作的 20 年（1924-1949）間，寫了各類作品 648 篇，輯成集子 64 種。如果加上 1949 年後的論著，則共有 736 篇，集子 85 種，見該書〈譯後記〉，頁 499。

文書，也在警察局裏管過稅務，最後則擔任地方統領官的秘書，因而有機會讀到這位以儒將自命的統領官的許多藏書。在這一段半兵半匪的生活中，少年沈從文已經見識了成人世界的種種光怪陸離，認識了人性深處的許多幽微奧妙，也結識了各式各樣的人物。在他 30 歲那年寫的《從文自傳》裏對這一段生活有極其生動的記載。[2]

　　1923 年夏，剛滿 20 歲不久的沈從文赤手空拳來到北京。因爲學歷不夠，進不了他嚮往的燕京大學，只好去旁聽，一面嘗試寫作。應該說，他的運氣不錯，雖然窮得一文不名，然而兩年之後，他的作品就開始爲人賞識，且很快結識了郁達夫、胡適、陳西瀅、除志摩、梁啓超等一班文化名流，同他們建立了很好的友誼。此後，沈從文便逐漸成爲「京派文人」中的一個活躍分子，他用一支很有個性的筆，一個接一個地寫出許多新奇動人的湘西故事。30 歲以前，他已經出版了二十多本集子，成爲名副其實的多產作家。到 1932 年，他的名作《邊城》、《湘行散記》相繼問世，他在中國文壇的地位已經牢不可破了。此後，他一直勤奮地創作，先後出了好些短篇小說集，如《如蕤集》（1934）、《八駿圖》（1935）、《新與舊》（1936）、《月下小景》（1936）、《主婦集》（1939）、《春燈集》（1943）、《黑鳳集》（1943）等，以及著名的長篇散文《湘西》（1937、38）及長篇小說《長河》（1942 年開始發表，1945 年出版第一部，未寫完），直到 1949 年爲止。這其間他還主編過

2　《沈從文自傳》是優美的散文，同時對於一個研究沈從文的人而言，這絕對是必讀的作品，夏志清先生說：「這本自傳實在是他一切小說的序曲。」（《中國現代小說史》中譯本頁 23），說得非常好。

幾家報紙的文藝副刊（如《大公報》、《益世報》），又在幾所大學執過教（如中國公學、武漢大學、青島大學、西南聯大、北京大學等）。

在文學觀上，沈從文始終堅持文學必須獨立於政治之外的觀點，文學有自己的尊嚴與價值，決不可短視地爲政治、黨派去服務，所以沈從文與左翼文藝一直格格不入，抗戰以後，更成爲左翼文壇猛烈攻擊的對象。1949 年以後沈從文雖留在大陸，可是他非常明白自己的時代已經結束，決心徹底退出文壇，從那時起直到逝世，他未曾有過一個字的文學創作。而由於他任職於歷史博物館的關係，他一頭鑽進文物考證，1981 年出版的《中國古代服飾研究》（此書 1965 年即已完成初稿，十年文革之後，1979 年完成重寫本），使他成爲這方面無可否認的權威。沈從文於 1988 年 5 月 10 日在北京去世，享年 86 歲。

沈從文是一個天生的藝術家，對現象世界的傾心與對抽象理論的厭惡似乎是他性格中與生俱來的特色。他對自然界的聲、光、顏色、氣味，社會上的人與事始終懷有濃厚的興趣，他把這些稱作「一本大書」，而文字寫的東西則是「一本小書」，他對這本大書的興趣遠遠超過那本小書。他在自傳中談到他小時候常常逃學去野外玩耍，「到日光下去認識這大千世界的光，稀奇的色，以及萬彙百物的動靜」[3]，或者到市場上去看打鐵、殺牛、織簟子、磨針、做傘、上鞋，到城外廟裡去看人在殿前廊下打拳、下棋、做香、絞繩子、罵架……

---

3 沈從文：《沈從文自傳》（附《邊城》），台北，聯合文學出版社，1987 年 4 月，頁 9。

總而言之，這樣玩一次，就只一次，也似乎比讀半年書還
有益處。若把一本好書同這種好地方儘我檢選一種，直到
如今我還覺得不必看這本用文字寫成的小書，卻應當去讀
那本用人事寫成的大書。[4]

　　沈從文以一個天生藝術家的特有的敏銳、細緻，把這本大書
讀得很熟、很透，記得很牢，他成年後所寫的無數精彩感人的故
事，大多是少年時代讀這本大書的印象的記錄，再加上這本大書
刺激出來的浪漫幻想。

　　最能代表沈從文的獨特人生觀點與獨特藝術風格的作品當
然是他 31 歲時所寫的《邊城》。

　　《邊城》是一個七萬字的中篇，故事情節極其單純：湘西邊
境小城茶峒城外住著一戶單獨的人家，家中只有整日擺渡的一個
老船夫，同他的十五歲的孫女翠翠相依為命。茶峒城裏有一個掌
水碼頭的船總順順，生有兩個很好的兒子，大老天保與二老儺送。
大老、二老同時愛上了翠翠，翠翠卻傾心於二老。大老一氣之下
駕船出走，不幸淹死了。順順和二老因此事跟老船夫有了一點誤
會。順順決定為二老娶一戶有「錢人家的女兒」，二老卻還是愛著
翠翠，於是也負氣出走。老船夫覺察到這事弄巧成拙，心中煩悶，
一個雷雨之夜，老船夫死了，留下翠翠孤伶伶的一人，而二老還
沒有回來。小說的結尾是：「這個人也許永遠不回來了，也許『明
天』回來！」

　　沈從文把這個故事寫得極美，山水美，人情美，文字美，寧

---

4 同前，頁 35。

靜妥貼，悠然溫婉，一氣呵成。《邊城》不是什麼大氣磅礴之作，但卻是一件眞正的藝術品，一件小巧精緻、玲瓏剔透，幾乎毫無瑕疵的藝術品。《邊城》也不是什麼包含深刻哲理的作品，但它確實是一首詩，一首牧歌式的抒情詩。

《邊城》的美是一種單純的美，素樸的美，健康而自然的美。《邊城》的所有人物包括那隻黃狗在內，無一不是心地良善、純潔，溫柔而且體貼，呈現出一種健康而自然的人性（顯然，這是作者所喜愛、所憧憬的，也可以說是作者所信仰的，因爲我們在作者的其他作品中也看到類似的人與人性）。老船夫與翠翠固不必說，就是船總順順、大老、二老、楊馬兵，哪一個不是如此？乃至過往的旅客、市面上做生意的人，甚至以皮肉爲生的妓女，也莫不淳厚得可愛：

> 由於邊地的風俗淳樸，便是作妓女，也永遠那麼渾厚，遇不相熟的主顧，做生意時得先交錢，數目弄清楚後，再關門撒野，人既相熟後，錢便在可有可無之間了。妓女多靠四川商人維持生活，但恩情所結，卻多在水手方面。感情好的，別離時互相咬著嘴唇咬著頸脖發了誓，約好了「分手後各人皆不許胡鬧」，四十天或五十天，在船上浮著的那一個，同在岸上蹲著的這一個，便皆呆著打發這一堆日子，儘把自己的心緊緊縛定遠遠的一個人。尤其是婦人，情感真摯癡到無可形容，男子過了約定時間不回來，做夢時，就總常常夢船攏了岸，那一個人搖搖蕩蕩的從船跳板到了岸上，直向身邊跑來，或日中有了疑心，則夢裡必見那個男子在桅子上向另一方面唱歌，卻不理會自己。性格弱一

點兒的，接著就在夢裡投河吞鴉片煙，性格強一點兒的，便手執菜刀，直向那水手奔去。他們生活雖那麼同一般社會疏遠，但是眼淚與歡樂，在一種愛憎得失間，揉進了這些人生活裡時，也便同另外一片土地另外一些人相似，一個身心為那點愛憎所浸透，見寒作熱，忘了一切。若有多少不同處，不過是這些人更真切一點，也更於胡塗一點罷了。短期的包定，長期的嫁娶，一時間的關門，這些關於一個女人身體上的交易，由於民情的淳樸，身當其事的不覺得如何下流可恥，旁觀者也就從不用讀書人的觀念，加以指謫與輕視。這些人既重義輕利，又能守信自約，即便是娼妓，也常常較之知羞恥的城市中人還更可信任。[5]

與這種單純、素樸的人情和健康、自然的人性相應，《邊城》使用的文字也是一種純淨的、自然的文字，一種返樸歸真式的童話般的文體。

由四川過湖南去，靠東有一條官路。這官路將近湘西邊境到了一個地方名為「茶峒」的小山城時，有一小溪，溪邊有座白色小塔，塔下住了一戶單獨的人家。這人家只一個老人，一個女孩子，一隻黃狗。[6]

這是《邊城》開頭的一段，多像一幅淡墨的中國文人畫，疏淡、簡約、純淨、隱隱然透露出一種寧靜悠遠、天長地久的風韻，奠定了全書童話般的牧歌基調。

人物和故事就在這樣的基調下舖開，全帶著一種童話般的色

5　同前，頁 130-131。
6　同前，頁 123。

彩，人是天真未鑿的人，事是萬古如斯的事，時間的流動、現實的變幻，在這裏顯得都不重要，重要的是人，美麗純樸的人，是人情，溫馨忠厚的人情。作者用純淨得像詩一樣的文字把這樣的人和人情寫出來，其中最令人愉悅、最令人感動的當然首先是主角翠翠以及翠翠同祖父之間的感情。

> 翠翠在風日裏長養著，把皮膚變得黑黑的，觸目為青山綠水，一對眸子清明如水晶，自然既長養她且教育她。為人天真活潑，處處儼然如一隻小獸物。人又那麼乖，和山頭黃麂一樣，從不想到殘忍事情，從不發愁，從不動氣。平時在渡船上遇陌生人對她有所注意時，便把光光的眼睛瞅著那陌生人，作成隨時都可舉步逃入深山的神氣，但明白了面前的人無機心後，就又從從容容地來完成任務了。[7]

作者沒有費心去寫翠翠的眉眼身材與服飾裝扮，卻用了極輕靈極溫柔的筆觸去勾畫她的神情和天性，一個活潑健康、善良天真的山村少女的形象就躍然紙上了。接下去寫她幫祖父擺渡，「一切溜刷在行」；寫她的唱歌、遊戲、扮新娘子，憨態可掬。作者也寫她的心理變化，寫她的情竇初開，還是那種跟小孩子講故事般的溫柔的筆觸：

> 翠翠一天比一天大了，無意中提到什麼時，會紅臉了。時間在成長她，似乎正催促她，使她在另外一件事情上負點兒責。她歡喜看撲粉滿臉的新嫁娘，歡喜述說關於新嫁娘的故事，歡喜把野花戴到頭上去，還歡喜聽人唱歌。茶峒

---

7 同前，頁 125。

人的歌聲，纏綿處她已領略得出。她有時彷彿孤獨了一點，愛坐在岩石上去，向天空一片雲一顆星凝眸。祖父若問：「翠翠，想什麼？」她便帶著點兒害羞情緒，輕輕的說：「翠翠不想什麼。」但在心裡卻同時又自問：「翠翠，你想什麼？」同是自己也就在心裡答著：「我想的很遠，很多。可是我不知想些什麼！」她的確在想，又的確連自己也不知在想些什麼。這女孩子身體既發育得很完全，在本身上因年齡自然而來的一件「奇事」，到月就來，也使她多了些思索。[8]

至於翠翠和祖父之間那種心心相印、互相疼惜而又含蓄地都不說破的情感互動，尤其寫得如詩如歌，感人至深。像下面這樣的片段書中幾乎到處都是：

到了端午。祖父同翠翠在三天前業已預先約好，祖父守船，翠翠同黃狗過順順弔腳樓去看熱鬧。

翠翠先不答應，後來答應了。但過了一天，翠翠又翻悔回來，以為要看兩人去看，要守船兩人守船。祖父明白那個意思，是翠翠玩心與愛心相戰爭的結果。為了祖父的牽絆，應當玩的也無法去玩，這不成！祖父含笑說：「翠翠，你這是為什麼？說定了的又翻悔，同茶峒人平素品德不相稱。我們應當說一是一，不許三心二意。我記性並不壞到這樣子，把你答應了我的即刻忘掉！」祖父雖那麼說，很顯然的事，祖父對於翠翠的打算是同意的。但人太乖巧，祖父有點愀然不樂了。見祖父不再說話，翠翠就說：「我走了，

---

8 同前，頁149。

誰陪你？」

祖父說：「你走了，船陪我。」

翠翠把一對眉毛皺攏去苦笑著，「船陪你，嗨，嗨，船陪你。」

祖父心想：「你總有一天會要走的！」但不敢提起這件事。

祖父一時無話可說，於是走過屋後塔下小圃裡去看蔥，翠翠跟過去。

「爺爺，我決定不去，要去讓船去，我替船陪你！」

「好，翠翠，你不去我去，我還得戴了朵紅花，裝老太婆去見世面！」

兩人皆為這句話笑了許久。所爭執的事，不求結論了。[9]

沈從文對於自己的家鄉—湘西，顯然有一種濃厚的「戀鄉情結」，湘西的風土人情、山水景物不僅是他絕大部分小說的背景，甚至令人懷疑，它們簡直就是他寫這些小說的目的，他要把湘西淳樸、美麗、憂傷的風土人情、山水景物描給世人看。如果說中國現代文學中有一個「鄉土文學」的傳統，則沈從文無疑是這個傳統的開創者之一。我們仍然從《邊城》中挑一段描寫湘西景色的文字來看看：

那條河水便是歷史上知名的酉水，新名字叫作白河。白河到辰州與沅水匯流後，便略顯渾濁，有出山泉水的意思。若溯流而上，則三丈五丈的深潭皆清澈見底。深潭中為白日所映照，河底小小白石子，有花紋的瑪瑙石子，全看得明明白白。水中游魚來去，皆如浮在空氣裡。兩岸多高山，

9 同前，頁 148-149。

山中多可以造紙的細竹，長年作深翠顏色，迫人眼目。近
水人家多在桃杏花裡，春天時只需注意，凡有桃花處必有
人家，凡有人家處必可沽酒。夏天則曬晾在日光下耀目的
紫花布衣，可以作為人家所在的旗幟。秋冬來時，人家房
屋在懸崖上的，濱水的，無不朗然入目，黃泥的牆，烏黑
的瓦，位置卻永遠那麼妥貼，且與四圍環境極其調和，使
人迎面得到的印象，實在非常愉快。[10]

　　我的老師夏志清先生在《中國現代小說史》中稱讚沈氏寫景
抒情的本事說：「他是中國現代文學中最偉大的印象主義者。他能
不著痕跡，輕輕的幾筆，就把一個景色的神髓，或者是人類微妙
的感情脈絡勾劃出來。他在這一方面的功夫，直追中國的大詩人
和大畫家，現代文學作家中，沒有一個人及得上他。」[11]驗諸前
引幾段文字，夏老師的話是可以令我們心悅誠服的。

　　上引描寫白河風景的那段文字還有兩點可以注意：第一，它
的遣詞、造句兩方面都帶有文言文及古白話（例如《水滸》）的痕
跡。這種有意無意的仿古語味，不僅構成一種特別的標誌沈氏個
人審美趣味的風格（這種風格也見於沈氏其他許多短篇），同時也
帶給小說一種返樸歸真、古意猶存的牧歌風味。第二，它採用一
種「概括敘事法」，而非「特定敘事法」，它寫的是白河上下幾百
里春夏秋冬四時的景象而非某一地某一時的特定景象。為此，沈
從文採取一種特別的句式，他用「若……則……」，「凡……必……」

10　同前，頁 127-128。
11　夏志清：《中國現代小說史》中譯本，台北，傳記文學出版社，1979 年 9 月，
　　頁 226。

的句法和「皆」、「多」、「無不」等修飾詞來表示一種反覆出現的景象，以脫離明白的時空指涉，化單一的描寫爲詩意的陳述。[12]這種句式還出現在《邊城》的其他許多地方，特別是一、二、三節。顯然，對於綜觀式地描寫風土人情，這是很合適的形式。同時，由於它擺脫了明白的時空指涉，喚起讀者一種天地悠悠、萬古如斯的感覺，因而也就加強了作品的童話牧歌韻味。

　　《邊城》確有一種脫離現實的烏托邦的色彩，因而受到不少左翼文論家的批評。但烏托邦也是一種理想的寄託，我們應當容許作者這樣寫。可以說，《邊城》在中國現代小說中雖不是最偉大的作品，卻是非常優美、獨樹一幟的作品。

　　沈從文的小說非常多，除《邊城》外，長篇小說《長河》及許多短篇小說，例如《柏子》、《丈夫》、《蕭蕭》、《三三》、《新與舊》、《顧問官》等等，都是非常精彩的。這些小說也同《邊城》一樣大都以他的故鄉湘西爲背景，主角多是下層人民或兵士。沈從文一生以「鄉下人」、「鄉巴佬」自居，「永遠不習慣城裡人所習慣的道德的愉快、倫理的愉快」(《蕭乾小說題記》)，而「對於農人與兵士，懷了不可言說的溫愛」(《邊城·題記》)，在他看來，只有在下層人民和兵士身上保留的誠實、正直、單純、粗獷、愛憎分明等等帶原始性的人性美才是人類的希望、民族的希望，而都市文明卻斷喪人的本性，造成虛僞與墮落。他後來寫過一些表現都市生活、特別是紳士階級與知識分子生活的小說，往往就帶上了明顯的諷刺意味。其中寫得最成功的一篇是《八駿圖》，它表

---

12 參看王德威：《眾聲喧嘩》，台北，遠流出版公司，1988 年 9 月，頁 121，他稱此爲「贅述句法」(interative mode)。

現知識分子（「八駿」即八個教授）在道貌岸然的外表下內心深處的性幻想與性壓抑，簡直就是佛洛伊德學說的一個形象說明。《八駿圖》的表現方法相當新穎，刻畫的情感又極其微妙，同沈從文以湘西爲背景的大多數小說有截然不同的風格，連語言也完全是另一幅面孔，眞叫人懷疑是不是出自沈從文之手─沈從文的多面的文學才華由此可以看出。

第七章　老舍和《駱駝祥子》

　　在 30 年代的中國文壇上，老舍和沈從文是旗鼓相當的作家，如果拿他們二人的作品來做一個比較，頗可引起我們對社會與人性許多深度的思索。沈從文以他數量龐大的短篇與中篇為我們描繪了一個光怪陸離、充滿化外趣味的湘西農村，尤其是下層社會的圖景，活動於其間的有農民、舟子、兵士、土匪、妓女、三教九流，無所不備；但是沈從文始終帶著溫愛的眼光看他們，以牧歌般的詩化筆墨描寫他們，在現實與夢之間穿梭翱翔，從未失去對人性的光明與尊嚴的信仰與堅持。老舍則似乎剛好立在另五極上。老舍以長篇的形式向讀者呈現了一個五光十色的都市生活，主要是下層市民生活的圖景，這裏有車夫、藝人、暗娼、巡警、教員、官吏，也是五行八作，應有盡有；他用一種同情的，然而冷峻的，有時甚至是痛心疾首的眼光看他們，以十分寫實的間雜詼諧的筆調寫出他們生活的貧窮與卑陋，人性的扭曲與墮落。老舍沒有夢，他看到社會的醜惡與人性的陰暗面遠較健康與光明面多。非常吊詭的是，儘管老舍對社會與人性的看法與沈從文似乎相去甚遠，但是他的作品卻正好補足了沈從文的觀點：現代的都市文明扭曲了原本善良的人性，使人腐化，使人墮落。

　　老舍，本名舒慶春，字舍予，1899 年初（舊曆 1898 年 12 月

30 日）生於北京一個旗人的家庭。父親早死，家境貧寒，小時靠人資助才得以進私塾讀書，1913 年考入免費供給膳宿的北京師範學校，1918 年畢業後被任命為一所公立高等小學的校長，其時尚不滿二十。1922 年任天津南開中學國文教員，1924 年夏得燕京大學英籍教授艾溫士推薦，赴英國倫敦大學東方學院任華語教師。在英授課之餘，老舍如飢似渴地閱讀莎士比亞、歌德、但丁和英法現代小說，尤愛狄更斯，同時開始創作篇小說，《老張的哲學》、《趙子曰》、《二馬》陸續問世。1929 年回國，1930 年被聘為齊魯大學教授兼國學研究所文學主任。30 年代，老舍先後寫出長篇小說《大明湖》、《貓城記》、《離婚》、《牛天賜傳》，而代表老舍小說最高成就的則是 1939 年由人間書屋出版的 15 萬字的長篇小說《駱駝祥子》。40 年代後期老舍於旅美期間又完成三部八十萬字的巨著《四世同堂》。1949 年後，老舍留在大陸，創作路線由以小說為主改為以話劇為主，其中發表於 1957 年的三幕話劇《茶館》廣受好評，認為可與曹禺《雷雨》、《日出》媲美。1966 年文革開始，老舍受到「紅衛兵」的拳打腳踢而致重傷，於 8 月 24 日憤而投湖自盡，得年僅 67 歲。

　　下面我們來仔細品評一下老舍的代表作《駱駝祥子》。

　　《駱駝祥子》的主角是祥子，北京城裏的一個人力車夫，或說洋車夫，「駱駝」則是他的外號。祥子是一個誠實而木訥的年輕農民，他帶著牛一樣的倔強與自信在北京城裏拉車，要憑自己的正直、不吝惜的汗水和格外的節省，不僅維持生存，也要為自己創造一個較好的未來。他的理想是買一輛車，成為一個「自己有車」、「拉自己的車」的比較自由的，在那一行裏受人尊敬的洋車

夫。但看來命運總與祥子的理想作對，他用三年的勞苦和節省，好不容易買了一輛車，沒多久就在一次兵亂中失去了，只在混亂中拉回僅值車資三分之一的三匹駱駝（從此得到「駱駝」這個外號）。然而祥子沒有氣餒，雖然他開始懷疑世界的公道（「要強又怎樣呢，這個世界並不因為自己要強而公道，憑著什麼把他的車白白搶去呢？」[1]），但是並沒有對生活喪失信心，靠著他過人的體力和倔勁，每日早出晚歸，身上的病沒好俐落，也顧不上休息，只想多賺點錢，好重新買輛車，「即使今天買了，明天就丟了，他也得去買。這是他的志願，希望，甚至是宗教。」（頁 40）但是祥子有點變了，他不在像從前那樣的純樸了，他開始學會與同行搶生意，他自我解嘲說：「我要不是為買車，決不能這麼不要臉！」（頁 41）他也開始不那麼自信了，他在楊宅拉包月受不了楊太太的氣，四天就賭氣辭了工，「他想坐下來痛哭一場。以自己的體格，以自己的忍性，以自己的要強，會讓人當作豬狗，會維持不住一個事情，他不只怨恨楊家那一夥人，而渺茫的感到一種無望，恐怕自己一輩子不會再有什麼起色了。」（頁 48）幸而這時他在一個偶然的機會裏碰到了從前相處不錯的老主人曹先生，他開始替曹先生拉包月，一切希望又都回來了。他買了一個悶葫蘆罐兒，一個錢一個錢往裏存。看看又差不多可以買一輛新車了，突然飛來一個橫禍，警察藉口曹先生參加地下活動來搜他的家，祥子的存款被貪贓枉法的孫偵探洗劫一空。祥子第二次買車的願望於是成了泡影。

---

1 老舍：《駱駝祥子》，台北，谷風出版社，1987 年十月，頁 40。本章所引《駱駝祥子》原文，皆出自這個版本，以下只在引文後標明頁獻，不再另註。

這前後發生了另一件對祥子的命運與人格都大有影響的事。祥子租車的人和車廠老闆劉四爺有一個又醜又兇的女兒虎妞，三十七八歲了還沒有出嫁，看中了祥子的健壯老實，引誘他和她通了姦。後來又假裝懷孕，祥子在心不甘情不願的情形下同她結了婚。虎妞也因此同父親鬧翻，於是祥子和虎妞搬出人和車廠，在一個貧民窟裏住下。虎妞原以為父親早晚會原諒她，她和祥子可以繼承人和車廠，不料劉四爺一氣之下賣了車廠，再次浪跡江湖。祥子卻一直懊惱被騙結了婚，只想同劉四爺一刀兩斷，靠自己的力量養活自己。他不願照虎妞的主意做點小生意，仍一門心思地要拉車，拉自己的車。虎妞最後只好順從了祥子的意思，拿出一部分積蓄買了一輛半新的車。祥子終於又有了自己的車了。雖然這一次不是用自己賺來的錢買的。

可惜好景不常。祥子在一次奇熱之後又加暴雨的天氣裏拉車得了病，在床上躺了兩個月，從此損害了健康，而跟虎妞又相處得不痛快，使他更加痛苦。祥子只有在和一個名叫小福子的鄰居女孩子來往時得到些許慰藉。小福子靠作暗娼賺的一點錢養活酒鬼父親和兩個弟弟。不久，虎妞因難產死去，祥子把車子賣了替虎妞辦喪事，祥子又成了一個沒有自己的車的下等車夫了。他本來想娶小福子，但想到要養活她一家人，他嚇住了，終於搬出了原來住的那個大雜院。

祥子照舊拉車，可是不再拼命了，他也不再堅持自己的原則了，他開始抽煙喝酒，開始同那些他從前看不起的吊兒郎當的車夫交起朋友來：「自己的路既走不通，便沒法不承認別人作得對。」（頁 197）他甚至在拉包月時跟女主人苟且，從她那裏染上淋病。

總之，祥子不再是從前那個要強的、自信的、有理想的祥子了，他變成了一個普通的車夫：

> 經驗是生活的肥料，有什麼樣的經驗便變成什麼樣的人，在沙漠裏養不出牡丹。祥子完全入了轍，他不比別的車夫好，也不比他們壞，就是那麼個車夫樣的車夫。這麼著，他自己覺得倒比從前舒服，別人也看他順眼；老鴉是一般黑的，他不希望獨自成為白毛兒的。（頁 208-209）

祥子的最後一次振作發生在他偶然邂逅了久別的劉四爺，並且發洩了一通惡氣之後：

> 他心中痛快，身上輕鬆，彷彿把自從娶了虎妞之後，所有的倒楣一股攏總都噴在劉四爺身上。忘了冷，忘了張羅買賣，他只想往前走，彷彿走到什麼地方，他必能找回原來的自己，那個無牽無掛，純潔，要強，處處努力的祥子。（頁211）

於是他計畫找他以前的恩人曹先生讓他拉包車，然後娶小福子為妻。曹先生找到了，不僅答應他拉包車，而且說小福子可以在他家幫忙，管吃管住。祥子覺得生活一下子變得光明起來，於是高高興興地去找小福子。他焦頭爛額地找了一陣子，最後才知道小福子是在一個下等妓院裏自殺了。祥子生命中的最後一根支柱垮了，他不再回曹家拉包車，他覺得一切努力都是徒勞，他剩下的日子只想鬼混。他開始自暴自棄，能偷懶就偷懶，從前不幹的現在都幹了，車也不拉了，替人家在婚禮或喪禮中打打旗子，混口飯吃。最後連偷東西、告密、出賣別人的生命，什麼都幹，完全成了一個邪惡的、沒有靈魂的城市混混，而且全身是病，只

有等死的份了。

　　以上就是《駱駝祥子》的大致情節。不難看出，作者是從內外兩層來呈現祥子的悲劇：外層是通過祥子買車的「三起三落」（頁192）來凸顯他對抗命運的徒勞無益，內層則是由希望的屢次落空而引起的自信心的漸漸喪失和人格漸漸墮落。顯然，作者要告訴我們，祥子內層的悲劇是由外層的悲劇所導致的，而這外層的悲劇當然又是社會環境所造成的。祥子買車的三起三落雖然充滿了偶然性，可是作者顯然要告訴我們，祥子即使不碰到這些「偶然」，也必然會碰到另外一些「偶然」，到頭來祥子的命運還是一樣。總之，不論生活中有多少偶然，祥子的悲劇是必然的。只要社會環境不改變，祥子的一切努力都將落空。《駱駝祥子》的強烈社會批判意識就表現在這裏。怎樣才能改變這個社會環境呢？小說中沒有正面表達作者在這方面的主張，只在一個地方通過一個窮困潦倒的老車夫的口，做了一點含糊的暗示：

> 　　「你獨自想混好？」老人評斷著祥子的話：「誰不是那麼想呢？可是誰又混好了呢？當初，我兒子骨兒好，心眼好，一直混到如今了，我落到現在的樣兒！身子好？鐵打的人也逃不出咱們這個天羅地網。心眼好？有什麼用呢！善有善報，惡有惡報，並沒有這麼八宗事！當我年輕的時候，真叫作熱心腸兒，拿別人的事當自己的作。有用沒有？沒有！我還救過人命呢，跳河的，上吊的，我都救過，有報應沒有？沒有！告訴你，我不定哪天就凍死，我算是明白了，幹著活兒的打算獨自一個人混好，比登天還難。一個人能有什麼蹦兒？看見過螞蚱吧？獨自一個兒也蹦得怪遠

的，可是教個小孩子逮住，用綫兒栓上，連飛也飛不起來。
趕到成了群，打成陣，哼，一陣就把整頃的莊稼吃淨，誰
也沒法兒治牠們！你說是不是？我的心眼倒好呢，連個小
孫子都守不住。他病了，我沒錢給他買好藥，眼看著他死
在我懷裏！甭說了！什麼也甭說了！茶來！誰喝碗熱
的？」(頁 221～222)

我們應當慶幸作者沒有多加發揮，小說因而沒有淪爲一個左
翼社會思想的宣傳物，我們也因而能夠從《駱駝祥子》看到一個
深刻而完整的悲劇，見證社會與人性的複雜互動。社會的冷酷無
情，人性的脆弱易變，婚姻家庭的不可預測，命運中許多偶然的
不可控制的因素，所有這些，而不是某個單一的方面，聯合起來
造成了祥子的悲劇，一個人的悲劇。這種悲劇其實是可以發生在
任何時代、任何人身上的，只是會有不同的表現方式罷了。深重
的悲劇意識，對社會和人性的陰暗面的正視，以及對二者互動關
係的全面把握（雖然有點偏重於社會影響人性而多少忽略了人性
對社會的影響），是《駱駝祥子》忠實於寫實主義的結果，也是最
能發人深思的地方。

從藝術上來看，《駱駝祥子》可說是中國現代小說中結構最
嚴謹、敘事最流暢，最有深度、語言也最有韻味的一部長篇小說。
《駱駝祥子》的結構非常緊湊，所有的情節都緊緊圍繞祥子的命
運而自然展開，沒有一點雜蕪枝蔓的地方。而祥子的命運又緊緊
扣住內外二線（如前所分析）及其糾纏來展開，始終不離開作者
意圖表達的主題。

最值得我們注意的是《駱駝祥子》的敘事技巧。表面上看來，
《駱駝祥子》的敘事風格頗有回歸傳統的味道，尤其是開頭一章

敘述者自稱「我們」，把讀者暗暗包括在內，這就回到了從前說書人的口吻了。但是，如果深入分析一下，就不難發現，《駱駝祥子》的敘事風格是非常現代的。這裏最重要的標誌之一，就是大量的人物內心敘事。我們幾乎可以說，《駱駝祥子》中的絕大部分敘事都是以祥子的內心為視點，就是說，沿著祥子的心理脈絡來敘述故事，而不是像傳統小說那樣，從人物的外部，沿著故事本身的脈絡來敘述故事。例如介紹祥子來歷的開頭一段是這樣寫的：

> 他不怕吃苦，也沒有一般洋車夫的可以原諒而不便效法的惡習，他的聰明和努力都是足以使他的志願成為事實。假若他的環境好一些，或多受著點教育，他一定不會落在「膠皮團」裏，而且無論是幹什麼，他總不會辜負了他的機會。不幸，他必須拉洋車；好，在這個營生裏他也證明出他的能力與聰明。他彷彿就是在地獄裏也能做個好鬼似的。生長在鄉間，失去了父母與幾畝薄田，十八歲的時候便跑到城裏來。帶著鄉間小夥子的足壯與誠實，凡是以賣力氣就能吃飯的事他幾乎全作過了。可是，不久他就看出來，拉車是件更容易掙錢的事；作別的苦工，收入是有限的；拉車多著一些變化與機會，不知道在什麼時候與地點就會遇到一些多於所希望的報酬。自然，他也曉得這樣的機遇不完全出於偶然，而必須人與車都得漂亮精神，有貨可賣纔能遇到賞識的人。想了一想，他相信自己有那個資格：他有力氣，年紀正輕；所差的是他還沒有跑過，與不敢一上手就拉漂亮的車。但這不是不能勝過的困難，有他的身體與力氣作基礎，他只要試驗個十天半月的，就一定能跑得

有個樣子，然後去賃輛新車，說不定很快就能拉上包車，然後省吃儉用的一年二年，即使是三、四年，他必能自己打上一輛車，頂漂亮的車！看著自己的青年的肌肉，他以為這只是時間的問題，這是必能達到的一個志願與目的，絕不是夢想！（頁4）

　　作者不說祥子本來是某村一個農民，十八歲那年來到北京，如何拉起洋車來，而是從祥子的性格與心理寫起，順便帶出他的出身與他初到北京的情形。下面整部小說幾乎都是以這樣的形式向前發展，讀者似乎在跟著祥子的心理向前走，而不像在聽一個局外人講祥子的故事。

　　這裏還可注意的一點是作者在這種心理敘事中又常常採用一種很特殊的、可以稱之為「自由轉述體」的文體，這種文體故意模糊直接引語與間接轉述之間的界限，因而也就模糊了敘事人語言與人物語言之間的界限，我們往往弄不清楚：這究竟是人物內心的活動呢，還是敘事者的敘述呢？例如下面這一段：

> 晃晃悠悠的他放開了步。走出海甸不遠，他眼前起了金星。扶著棵柳樹，他定了半天神，天旋地轉的鬧慌了會兒，他始終沒有坐下。天地的旋轉慢慢的平靜起來，他的心好似由老遠的又落到自己的心口中，擦擦頭上的汗，他又邁開了步。已經剃了頭，已經換上新衣新鞋，他以為這就十分對得起自己了；那麼，腿得盡牠的責任，走！一氣他走到了關廂。看見了人馬的忙亂，聽見了複雜刺耳的聲音，聞見了乾臭的味道，踏上了細軟污濁的灰土，祥子想爬下去

吻一吻那個灰臭的地，可愛的地，生長洋錢的地！沒有父
母兄弟，沒有本家親戚，他的唯一的朋友是這座古城。這
座城給了他一切，就是在這裏餓著也比鄉下可愛，這裏有
的看，有的聽，到處是光色，到處是聲音，自己只要賣力
氣，這裏還有數不清的錢，吃不盡穿不完的萬樣好東西。
在這裏，要飯也能要到葷湯臘水的，鄉下只有棒子麵。纏
到高亮橋西邊，他坐在河岸上，落了幾點熱淚！（頁31~32）

老舍的這種文體顯然是受了英語的 free indirect style 的影
響，它使得人物的內心敘事顯得格外透明，好像事情本身就是如
此，無需特別指出它是人物的心理活動或者敘事人的敘述（請特
別注意我加點的地方）。同時，通過這種文體，作者不露痕跡地把
自己對生活與世界的認識注入了祥子的靈魂中，這樣不僅加深了
作品把握人物的心理深度，也使「祥子」這一人物有可能超越其
職業與身份的規定性，從而獲得一種象徵意義。[2]

最後，我們來談談《駱駝祥子》的語言。

《駱駝祥子》的語言是道地的北京話，鋒快、直截、流暢，
帶著濃厚的原色的京味兒；但它又不只是北京土話的錄音而已，
它經過作者精心的提煉，且融合了歐化的句法與章法，這種提煉
與融合完全不見痕跡，形成一種乾淨、明快、新鮮、表現力很強
的京味文學書面語。而這書面語又不脫離口語，它「從容調動口
語，給平易的文學添上些親切、新鮮、恰當、活潑的味兒。因此，

---

[2] 參看劉禾：〈不透明的內心敘事 —— 有關翻譯體和現代漢語敘事模式的若干
問題〉，《今天》文學雜誌，牛津大學出版社，香港，1994 年第 3 期（總 26
期），頁 174-192。

《祥子》可以朗誦。它的言語是活的。」[3]老舍又特別善於使用譬喻，他的譬喻新鮮、生動、恰到好處，不時出人意表，令人覺得機警而有幽默感。例如說祥子的要強是「彷彿就是在地獄裏也能做過好鬼似的」（頁 4）、說窮人的命是「棗核兒兩頭尖」（頁 98）、虎妞遐想婚後的快樂是「全身像一朵大的紅花似的，香暖的在陽光下開開」（頁 156），這一類的巧喻在《駱駝祥子》中實在太多了。老舍也善於寫景，描寫北京四時八節的景物往往配合著地方習俗，給人的印象非常鮮明，例如最後一章寫北京春天「朝頂進香的時節」，那種熱鬧熙攘的景象（頁 230-232）真的生動極了。又如第十八章寫六月十五那天奇熱的暴風雨（頁 173-179），層次多麼分明，描寫多麼細微、多麼傳神！讓我們抄錄其中寫雨過天晴的一小節以供欣賞，並結束本章：

> 到四點多鍾，黑雲開始顯出疲乏來，綿軟無力的放著不甚紅的閃。一會兒，西邊的雲裂開，黑的雲峰鑲上金黃的邊，一些白氣在雲下奔走；都閃到南邊去，曳著幾聲不甚響亮的雷。又待了一會兒，西邊的雲縫露出來陽光，把帶著雨水的樹葉照成一片金綠。東邊天上掛著一雙七色的虹，兩頭插在黑雲裏，橋背頂著一塊青天。虹不久消散了，天上已沒有一塊黑雲，洗過了的藍空與洗過了的一切，像由黑暗裏剛生出一個新的，清涼的，美麗的世界。連大雜院裏的水坑上也來了幾個各色的蜻蜓。（頁 178-179）

---

3 老舍：〈我怎樣寫《駱駝祥子》〉，載 1945 年《青年知識》第 1 卷第 2 期，轉引自楊義《中國現代小說史》第 2 卷，頁 221。

第八章　巴金與《家》

　　當年輕的老舍在倫敦的書齋裏一面咀嚼狄更斯，一面嘗試以詼諧的筆調創作他的早期諷刺小說的時候，另一個 30 年代的大家巴金，此時也正值青春年華，也寄居在異國（巴黎）的旅館，浸淫在法國文學和俄國文學的浪漫主義的氛圍裏，又熱中於其時正流行於法俄的「安那其」主義（即無政府主義），一腔熱血揉合著感傷情調，發而為小說，便成為他的處女作《滅亡》。此後一發而不可收，終於成為中國現代文學中最多產的一位作家。

　　巴金，原名李堯棠，字芾甘，西元 1904 年 11 月 25 日生於四川成都一個雖漸破落，卻仍然有個大架子的官僚地主家庭，「有將近 20 個長輩，有 30 個以上的兄弟姊妹，有四五十個男女僕人」[1]。李家祖籍浙江嘉興，巴金的高祖遊宦四川，以後便定居於此。巴金的父親李道河於辛亥以前曾做過四川廣元縣知縣。1919 年巴金 15 歲，這樣的家庭背景似乎使他對其時正轟轟烈烈席捲全國的「五四」運動有比一般人更強烈的感受。「五四」的啟蒙理想，「五四」的民主精神，尤其是「五四」反禮教及舊式家庭的反封建思想，深深撼動了這位心地純潔、生性敏感的青年的內心世界。此

---

1 巴金：《將軍集・序》。

後他走出家庭，接受巴枯寧、克魯泡特金（據說「巴金」即取此兩人中文譯名的首尾兩字）等人的無政府主義思想，參加成都的秘密青年社團「均社」，1923 年又隨三哥堯林到上海、南京、北京等地求學，1927 年赴法國，本想學經濟，研究無政府主義原理，結果卻走上了文學創作的道路。所有這一切，包括他日後長久的文學生涯，可說都是源自「五四」的感動。直至他的晚年，在經歷了文化大革命的痛苦煉獄之後，巴金在他的散文集五卷《隨想錄》裏所表達的憤怒、懺悔、批判仍然閃耀著「五四」理念的火花。巴金可說終其一生都是一個「五四」青年 —— 如果不算毛澤東時代那一段痛苦屈辱的「迷失」的話。

如果說「五四」的感動啓發了巴金一生的追求，那麼他在「五四」之後不久所接受的無政府主義理想則充實了他追求的內涵，尤其是其中愛人類愛世界的博愛思想，以及無政府主義思想家克魯泡特金等人爲理想獻身的偉大眞誠的人格，成爲巴金一生的精神支柱，也成爲巴金作品中最吸引人的魅力和最有價值的火光的來源。

接受了無政府主義思想的青年的巴金，可望成爲一個行動者、革命者，他也確曾結識了不少志同道合的朋友，創辦過無政府主義的刊物《民眾》，翻譯過若干宣傳無政府主義的小冊子，但是整個中國的形勢與他自己的書生性格決定了他最中只能以筆代槍，在紙上馳騁他那現實生活中不能實現的理念。於是，他一面從事文學創作，一面忍受無法實現理想的痛苦。從這個角度，我們能夠理解他說下面這些話時是眞誠的，而不是故作謙虛：

> 我不是一個藝術家。有人說生命是短促的，藝術是永恆的，

但我卻認為有一樣東西比藝術更有久遠的價值。這一樣東
西吸引了我。因為它，我寧願放棄藝術，了無愧怍。藝術
是什麼呢？如果他不能帶給群眾光明，又不能摧毀黑暗的
話？[2]

我只是把寫小說當作我的生活的一部分。我在寫作中所走
的路與我在生活中所走的路是相同的。……我的生活是痛
苦的掙扎，我的作品也是的。……每一篇小說裏都混合了
我的血和淚，每一篇小說都給我喚醒了一段痛苦的回憶，
每一篇小說都給我叫出了一聲追求光明的呼號。光明，這
就是許多年來我在暗夜裏叫喊的目標。[3]

　　也許正是因為缺乏作為一個藝術家應有的自覺與自律，巴金
的作品，尤其是早期的作品中充滿了過多的沒有節制的情感宣
洩、對於語言與文體的漫不經心以及對於敘事技巧的忽視；同時
由於執著於宣揚某種理念，因而對世事的複雜及人性的深微往往
缺乏足夠的體認，從而使作品的主題流於單薄。所有這些，便造
就了巴金為中國現代文學中一個最多產的作家，卻不是最好的作
家。

　　從藝術角度來看，巴金最成熟的小說是他抗戰末期所寫的
《寒夜》，但最能代表巴金的思想追求，也最能代表巴金小說的整
體風格的首推《激流》三部曲：《家》（開明書店，1933 年 5 月初
版，約 30 萬字）、《春》（1938 年 4 月初版，約 30 萬字）、《秋》（1940
年初版，約 40 萬字）。尤其是其中的《家》，是巴金影響最大，為

2　巴金：《生之懺悔》。
3　巴金：《電椅集·代序》。

巴金贏得最多讀者的一部作品。

　　按照作者自己的說法，《激流三部曲》是一部傾吐「積憤」之作，傾吐對於「封建大家庭」、「不合理的制度」的積憤。[4]巴金在這部百萬字的巨構裏，以自己前十九年的生活經驗為背景，寫出了一個五四時代的封建大家庭的悲歡離合的故事，揭露了它的黑暗、腐朽、虛偽和殘酷，描寫了它正在走向分崩離析的現實，宣告了它必然走向滅亡的命運。在了解中國傳統社會中大家族制度從衰落走向崩潰的歷史這一點上，《激流》三部曲是繼《紅樓夢》之後最有閱讀價值的小說。

　　下面我們來重點分析《激流》三部曲中的第一部《家》。

　　巴金在這部小說裏，寫了高家的三代人。第一代是祖父高老太爺，他是高公館這個黑暗王國的君主，他掌握著全家的經濟大權，因而也就掌握了全家人的命運。他是封建制度的象徵，是專橫霸道的總司令。發生在高公館裏的大大小小的悲劇，都或直接或間接地跟他聯繫在一起。但他並不是一個壞人，作者也無意把他寫成一個壞人。事實上，從傳統道德的標準來看，他基本上不失為一個方方正正的正人君子。他的專橫霸道來自制度，來自他的家長地位，來自他所受的封建教養及他所遵奉的封建道德。他包辦覺民的婚事，把婢女鳴鳳許給老朋友馮樂山，囚禁在外面「鬧事」的覺慧，其實都是在傳統社會裏極「正常」的行為，只是到了「五四」時代的青年眼中，才會顯得兇殘暴虐了。小說第三十五節，寫他臨終前變得格外慈祥，對兒孫充滿溫情，教誨他們「要……揚名顯親」，讀來令人感動。作者說：「我所憎恨的並不

4　見巴金：《關於「家」（十版代序）── 給我一個表哥》，《家》，台北，谷風出版社，民國 77 年，頁 390。

是個人，而是制度。」[5]在對高老太爺這個人物的塑造上，顯然體現了這一理念。

高家的第二代除了長子早逝、次子夭折外，尚有三叔克明、四叔克安、五叔克定。在作者的筆下，這是沒有價值的、腐敗的一代。其中最不堪的是克定。這是一個典型的紈袴子弟、敗家子，懶惰、奢侈、好色，甚至在外面養妓女，變賣太太的首飾。克安與克定基本是一丘之貉，只有在日本留過學，做著律師的志明稍好一點，但也是一個思想陳舊、遇事敷衍的人。

作者顯然對高家第三代傾注了最多的熱情。大房的三個兒子覺新、覺民、覺慧是小說的要角，其中覺慧在相當大的程度上是作者自己的寫照，或者說是作者理想、熱情、正義感、勇氣的寄託者。覺慧是這個大家庭唯一勇敢的叛逆者，他鄙視叔輩的腐敗、墮落，他看到了這個家庭的罪惡及必然滅亡的命運，他對被壓迫的女性、奴婢有深厚的同情，對虛偽、迷信、非人道有強烈的反感，並且敢於對抗支持他們的權威與習俗，他對理想的未來充滿了嚮往和信心，而且敢於追求。在小說的結尾，他終於衝出了這個腐朽的家庭，奔向一個充滿鬥爭與希望的「未知的大城市」。

但在高家第三代中，真正寫得豐滿而深刻的人物是高覺新。這是一個善良、軟弱的人，一個沒有「青春」的「青年」。[6]他也感受到了新時代的氣息，理解並接受若干新觀念，卻始終擺脫不了舊的行為模式，掙脫不了舊的道德枷鎖。作為封建大家庭的長孫，他的軟弱、善良、矛盾的性格使他輾轉於上輩的壓迫與弟妹的反抗之中，備受煎熬，上下討好，卻左右失據，結果不但犧牲

---

5 同4，頁384。
6 見巴金：《呈獻給一個人（初版代序）》，同前書，頁375。

了自己的青春與幸福，也使自己所愛的人成了陪葬品。這個人物的原型是後來終於自殺而死的作者的長兄堯枚。作者對他有深刻的了解，既愛他又怨他、可憐他，這種深厚而複雜的情感注入筆下，便使覺新成為書中最有立體感、最有深度而又非常可信的人物。

《家》中最感人的悲劇發生在幾個青年女性身上，鳴鳳、梅、瑞珏之死都寫得淒楚動人，尤其是鳴鳳的投湖自殺，最能賺得多愁善感的少男少女們的熱淚。作者對這些不幸的女性傾注了發自內心的深刻同情，而對那個造成這種不幸的制度，則充滿了真實的憤怒。他說：

> 我寫梅，我寫瑞珏，我寫鳴鳳，我心裏充滿著同情與悲憤。我還要說我那時候有著更多的憎恨。後來在《春》裏面我寫淑英、淑貞、蕙和云，我也有著同樣的心情。我深自慶幸我把自己的感情放進了我的小說裏面，我代那些做了不必要的犧牲品的女人叫出了一聲：「冤枉！」[7]

值得一提的是，這三個女性很容易使我們想起《紅樓夢》中的黛玉（梅）、寶釵（瑞珏）、晴雯（鳴鳳），他們的性格與命運都頗有相似之處。[8]這令我們再一次憬悟：中國傳統社會大家庭制度的陰暗面，實在是一種真實的存在，而且曾經有著頑固的生命。事實上，《家》在 30 年代贏得廣大的讀者，尤其是青年讀者，正在於類似的陰暗面還沒有消失，而不少讀者或是身受其害，或是

---

7 同 4，頁 389。
8 參看楊義：《中國現代小說史》第 2 卷，北京，人民文學出版社，1988 年，頁 154。

耳聞目見，或是試圖衝出這陰暗面者。一個多世紀以來，伴隨著歐風西雨，中國社會一直處在一個由傳統向現代轉變的曲折而充滿痛苦的過程中，作爲中國傳統社會的基石的家族制度以及伴隨這個制度而生的婚姻制度，倫理觀念勢必受到強烈的批判、無情的檢視以及不可避免的汰除、揚棄。小說《家》，正是在這一個層次上應和著社會變化的節拍，應和著時代前進的呼號，因而激起了一代人的深刻共鳴。而中國的現代化過程，尤其是觀念、道德上的現代化過程至今尚未完結，因而小說《家》也就至今還能引起我們的同情與警惕，而不是僅供憑弔歷史用的陳跡而已。

毫無疑問，就《家》所描寫的題材來看，它是典型的現實主義的，但其敘事風格，則帶有明顯的浪漫激情。這激情來自一個年輕熱情、涉世未深的隱合作者（implied author）及一個主觀強烈、不懂也不想節制感情的敘事者（narrator）。這個隱合作者與敘事者與眞實的作者巴金（巴金寫作《家》時 27 歲）及小說主角高覺慧非常接近，常常令我們難以區分。這一特色造成了《家》在藝術上的魅力，也導致了《家》在藝術上的缺陷。眞誠、熱情、酣暢、容易感動年輕的讀者，是它的長處，但其短處則在易流於主觀、淺薄、濫情，常使成熟的讀者不耐。

巴金的語言受到西方語言的明顯影響，而且有濃厚的知識分子腔。長處是細膩、流暢、明快，意到筆隨，毫不費力，短處則在一瀉無餘，不含蓄、不耐讀、也缺乏韻味，還時時露出矯揉造作的幼稚。例如下面這一段：

> 覺慧不作聲了。他臉上的表情變化得很快，這表現出來他的內心的鬥爭是怎樣的激烈。他皺緊眉頭，然後微微地張

開口加重語氣地自語道:「我是青年。」他又憤憤地說:「我是青年!」過後他又懷疑似地慢聲說:「我是青年?」最後用堅決的聲音說:「我是青年,不錯,我是青年!」他一把抓住覺民的手,注視著哥哥的臉。從這友愛的握手中,從這堅定的眼光中,覺民知道了弟弟心裏想說的話。他也翻過手來還答覺慧的緊握。他們現在又互相瞭解了。[9]

　　語言是流暢的,但覺慧這幾句戲劇性的自言自語讀起來總顯得誇張做作,也太「淋漓盡致」了。同時作者好像忘記了此書的敘述者本是全知的,所以「這表現出來」之類的判斷是完全不必要的。作者幾乎在每一個「說」或「道」的前面都要加上形容臉色、語氣或感情的片語(全書都是如此),也使得句式呆板,又彷彿有意低估讀者的想像能力。

　　《家》在語言方面的另一個缺點就是一腔到底,沒有變化,作者既沒有注意區分敘述語言(敘述者的話)與人物語言(小說中人物的話),也沒有注意區分此一人物與彼一人物的語言,其結果是語言單調,失去魅力,讀者的注意力只能集中在情節的變化上。同時,人物的個性全靠他的故事來區分,而不能在語言上鮮活起來,「戲多」的人物尚可,「戲少」的人物簡直就頭臉不清了。例如克安與克定的區別,覺民與覺慧的區別,梅與瑞玨的區別,單從性格上看,就不是很清晰,這固然尚有別的原因導致,但語言上的「單腔」,顯然是一個重要的因素。

　　巴金的長篇小說尚有寫 30 年代的《愛情三部曲》(《霧》、

---

9 《家》頁 242-243。

《雨》、《電》），40 年代的《抗戰三部曲》、《憩園》、《第四病室》、《寒夜》等。短篇小說則有《復仇》、《光明》、《電椅》、《抹布》、《將軍》、《沈默》、《神鬼・人》、《沈落》、《髮的故事》、《長生塔》、《雷》、《還魂單》、《小人小事》等十餘個集子，就不再一一評論了。

巴金於 2005 年去世，享壽 101 歲。

第九章　錢鍾書的《圍城》與
張愛玲的《金鎖記》

　　1937 年 7 月 7 日的「蘆溝橋」事變，把中國現代史和中國現代文學一起帶進了一個特別的新時期。在攸關全民族命運生死存亡的偉大搏鬥中，文學和文學家們自不能置身度外，所以這時期的文學作品，包括小說在內，幾乎沒有不染上濃厚的抗戰色彩的。尤其是早期，文學作品同抗戰宣傳品很難分出界限。這自然會影響到文學作品的質量，然而這是民族必然要付出的代價，是無可如何的。1940 年前後，抗戰轉入持久，民族情緒由早期的激憤轉入強毅，文學也漸由喊叫轉入深沈，出現了一批成熟有力的作品，像老舍的《四世同堂》、巴金的《寒夜》、蕭紅的《呼蘭河傳》、端木蕻良的《科爾沁旗草原》、路翎的《財主底兒女們》、徐訏的《風蕭蕭》、張愛玲的《金鎖記》與錢鍾書的《圍城》都是傳誦一時的名作。

　　我們來看看錢書的《圍城》與張愛玲《金鎖記》。

　　錢鍾書（1910～），字默存，號槐聚，筆名中書君，江蘇無錫人，是當代極享盛名的學者。他博通中外文史，記憶力之強，聯想力之富，當世罕有其匹。他以《管錐篇》、《談藝錄》、《宋詩

選注》奠定了在學術上的領袖地位,不多的幾篇創作包括短篇小說〈上帝的夢〉、〈貓〉、〈靈感〉、〈紀念〉(都收在《人‧獸‧鬼》中)和長篇小說《圍城》,只能算是早年興到之作。但是《圍城》卻以它的獨特風格與成就在中國現代小說史上佔有一個重要的地位。

作為作家的錢鍾書,可說是一個諷刺奇才。他的作品,無論是小說或散文(有散文集《寫在人生邊上》),皆以諷刺見長,大部分都可視為諷刺文學的精品。而把錢氏的諷刺天才發揮得淋漓盡致的,堪稱錢氏代表作,也堪稱中國現代文學諷刺文學代表作的則是長篇小說《圍城》。

《圍城》以主角方鴻漸留歐歸國後兩年多的戀愛、婚姻、就業、家庭生活為基本內容,揭示人生在根本問題上面臨的兩難困境。書中借號稱哲學家的褚慎明之口,帶出羅素所稱引的英國古語:

> 結婚彷彿金漆的鳥籠,籠子外面的鳥想住進去,籠內的鳥想飛出來:所以結而離,離而結,沒有了局。[1]

隨即又借蘇文紈之口說:

> 法國也有這末一句話。不過,不說是鳥籠,說是被圍困的城堡(Fortresse Assiegee),城外的人想衝進去,城裏的人想逃出來。[2]

在離開上海,前往湖南三閭大學的途中,方鴻漸與趙辛楣聊天時又發感慨說:

---

1 錢鍾書:《圍城》,台北,谷風出版社,1988年,頁84-85。
2 同1,頁85。

　　我還記得那一次褚慎明還是用蘇小姐講的什麼「圍城」。我
　　近來對人生萬事都有這個感想。[3]

　　「圍城」顯然是全書的中心意象，寄託著作者對人生的智慧
洞察與深刻感喟。但是《圍城》這本小說的眞正價值倒不在於讓
我們因人生如「圍城」而看破人生，而是讓我們帶著同情與悲憫、
欣賞與自省的眼光來看取在這「圍城」般的人生中，所展露出來
的人類的「基本根性」[4]：自私、虛榮、怯懦、作假、貪欲。當然，
也有善良、同情與愛，不過作者犀利的筆鋒顯然主要放在人性弱
點的解剖上。鑒於書中人物全是受過高等教育的知識份子，因此
《圍城》可說是一部新時代的《儒林外史》，而錢氏的才華也堪與
吳敬梓後先比美。

　　《圍城》的情節很簡單，人物也不複雜，他的精彩處在於作
者對日常生活中戲劇性（往往都是滑稽喜劇）因素及各色人等微
妙心裡狀態的敏銳觀察及細微感受，並且有本事用巧妙的極富匠
心的挑織穿插，俏皮而新鮮的層出不窮的比喻，充滿機智的、捶
煉得極好的文字將它完滿地呈現出來，令我們讀後或微笑、或捧
腹、或嘆賞、或深思。例如小說第二章開頭不久寫方鴻漸暫住夭
折的未婚妻的父母家，一天晚飯時閑讀，在場的除鴻漸及岳父母
外，還有一個十五歲的小舅子。由鴻漸的婚事引出蘇小姐，又由
蘇小姐引出「七月初的滬報」，那上面刊登著蘇文紈和方鴻漸兩人
的照片及他們留學歐洲、得到博士歸國的消息。報紙拿出來，鴻

---

3 同 1，頁 124。
4 同 1，（序）。

漸又羞又恨，看在岳父、岳母及小舅子眼裏卻各有不同的解釋。[5]
各人心事不同而皆可笑，是一幕絕佳滑稽喜劇。而作者從容寫來，
歷歷如畫，令人忍俊不禁。又如第三章寫方鴻漸同蘇小姐接吻後
愈想愈不對勁，乃煞費苦心寫了一封婉轉的拒愛信寄去，卻偏偏
被蘇小姐以為是求婚信：

> 蘇小姐聲音很柔軟：「鴻漸麼？我剛收到你的信，還沒有拆
> 呢。信裏講些什麼？是好話我就看，不是好話就不看；留
> 著當了你面拆開來羞你。」
> 鴻漸嚇得頭顱幾乎下縮齊肩，眉毛上升入髮，知道蘇小姐
> 誤會這是求婚的信，還要撒嬌加些波折，忙說：「請你快看
> 這信，我求你。」
> 「這樣著急！好，我就看。你等著，不要掛電話——我
> 看了，不懂你的意思。回頭你來解釋罷。」
> 「不，蘇小姐，不，我不敢見你——」不能再遮飾了，
> 低聲道：「我另有」——怎麼說呢？糟透了！也許同事
> 們全在偷聽——「我另外有——有個人。」說完了如
> 釋重負。
> 「什麼？我沒聽清楚。」
> 鴻漸搖頭歎氣，急得說抽去脊骨的法文道：「蘇小姐，
> 咱們講法文。我——愛一個人，——愛一個女人另外，
> 懂？原諒，我求你一千個原諒。」
> 「你——你這混蛋！」蘇小姐用中文罵他，聲音似乎

微顫。鴻漸好像自己耳頰上給她這罵沈重地打一下耳
光，自衛地掛上聽筒，蘇小姐的聲音在意識裏攪動不
住。[6]

我們看了一面發笑，一面忍不住佩服作者的文心。下面寫蘇
小姐一怒之下離間方鴻漸與唐小姐，方唐大吵了一場，事後唐小
姐不忍，打電話給方鴻漸，偏偏被方鴻漸誤以爲是蘇小姐打來的
電話，還沒等對方開言就是一頓臭罵，終於把方、唐二人重新和
好的最後一絲希望埋葬了。[7]讀到這裏就不僅讓我們在欣賞戲劇性
的情節中再一次讚歎作者的文心，也使我們對人生的無常、命運
的作弄充滿了惻然的警惕與哀憫。

《圍城》的諷刺有兩大特色。一是它的機鋒無所不至，
敘述者的嘲弄不放過任何事，不寬恕任何人。主要人物如方
鴻漸、蘇文紈、孫柔嘉自不必說，次要人物如方鴻漸的父親
方遯翁、三閭大學的校長高松平、教授李梅亭、韓學愈、汪處厚、
顧爾謙，乃至他們的太太們，無一不受到敘述者毫不寬假的嘲諷。
甚至旅途中碰到的風流寡婦、飯店掌櫃的肥胖老婆，敘述者也要
做一番尖酸的刻畫。這種無一例外的毫不留情的筆調讓我們憬悟
到世上一切人事，包括我們自己在內，皆有其可笑可悲可憫之處，
從而引起我們深刻的自省。但其負面效果也難免令人覺得整個世
界與所有人生都不過是一場滑稽劇，全無可以正面著力的地方。
至於若干地方爲嘲弄而嘲弄，失去節制，或傷於尖刻，或流於輕

---

6 同1，頁 92-93。
7 同1，頁 97-98。

薄（如寫飯店掌櫃的老婆的肥大的奶[8]），就更不可取了。

　　《圍城》諷刺的另一特色是它的諷刺多半靠修辭手段來達成，即主要靠出人意表而又十分貼切的比喻、著意為之而不失分寸的誇張、不落俗套而又流暢自然的句法來實現其諷刺的目的。我們順手從小說的第一章引幾個例子吧，比如論中文系學生留洋之必要：

> 學國文的人出洋「深造」，聽來有些滑稽。事實上，惟有學中國文學的人非到外國留學不可；因為一切其他科目像數學、物理、哲學、心裡、經濟、法律等等都是從外國灌輸進來的，早已洋氣可掬，只有國文是國貨土產，還需要外國招牌，方可維持地位，正好像中國官吏商人在本國剝削來的錢要結外匯，纔能保持國幣原來價值。[9]

論文憑的作用：

> 這一章文憑，彷彿有亞當夏娃下身那片樹葉的功用，可以遮羞包醜；小小一方紙能把一個人的空疏、寡陋，愚笨都掩蓋起來。[10]

寫蘇小姐屬意方鴻漸的「降尊紆貴」的心理：

> 在大學同學的時候，她眼睛裏未必有方鴻漸這小子。那時候蘇小姐把自己的愛看得太名貴了，不肯隨便施與。現在呢？宛如做了好衣服，捨不得穿，鎖在箱裏，過一年兩年忽然發現這衣服的樣子和花色都不時髦了，有些自悵自

8　同1，頁141。
9　同1，頁8。
10　同9。

悔。從前她一心要留學，嫌那幾個追求自己的人沒有前程，大不了是大學畢業生。而今她身為女博士，反覺得崇高的孤獨，沒有人敢攀上來。她對方鴻漸的家世略有所知，見他人不討厭，似乎錢也充足，頗有意利用這航行期間，給他一個親近的機會。[11]

這樣子的例子在《圍城》中真是俯拾即是，無頁無之。整部小說從頭至尾妙喻百出，機趣橫生，令人不得不由衷佩服作者的機敏與博學。但是諷刺若專靠修辭手段來達成，則終嫌淺露而難臻最上乘，試將《圍城》的諷刺與魯迅〈肥皂〉的諷刺相比，其境界之高下便較然可知了。《圍城》中多得令人目不暇給的俏皮話，也不免減削了作品的嚴肅性，分散了作者向縱深探求人性和人生的努力，遂令《圍城》最終無法躋身於第一流的小說。

同錢鍾書一樣，張愛玲也是於抗戰後期在淪陷的上海寫作小說而成名的作家。張愛玲比錢鍾書小十歲，而在小說上的成名還略早於錢，《圍城》1946 年 2 月開始在《文藝復興》雜誌連載，《傳奇》則在兩年前就已經為張愛玲贏得了一片喝采，那時候張愛玲還不滿 24 歲。張愛玲的早慧或許得自遺傳，她的祖父是清末名臣張佩綸，祖母則是赫赫大名的李鴻章之女。因父母的不睦與離異而造成的陰暗童年，又使她對「蒼涼」（張愛玲最愛用的字眼）的人生，有深於一般人也早於一般人的感悟。

張愛玲的主要成就在中篇小說，尤以《金鎖記》最為膾炙人口。早在 1944 年《金鎖記》發表的當時，著名翻譯家兼文評家傅

---

11 同 1，頁 2。

雷（迅雨）就認爲《金鎖記》「該列爲我們文壇最美的收穫之一」
[12]，後來夏志清先生在《中國現代小說史》中更認爲《金鎖記》「是
中國從古以來最偉大的中篇小說」，它的「道德意義和心理描寫」，
「極盡深刻之能事」[13]。

　　《金鎖記》是一個人性爲金錢所異化，又被情慾所扭曲的悲
劇傳奇。主角曹七巧出身低下，生性潑辣，她嫁給一個大家的殘
廢二少爺爲妻，唯一的希望是在丈夫死後分得一大筆財產，獲得
經濟上的富裕與獨立。十年之後，她果然如願以償，然而他也同
時被這黃金的枷鎖鎖住了。她爲此不但失去了青春，犧牲了情慾
── 而她偏偏又是一個情慾旺盛的人，而且喪失了人性：她不僅
不再像一個女人，也不再像一個母親，甚至也不再像一個人。她
變態到瘋狂的地步，她以自虐虐人爲樂。而且作起來得心應手，
若無其事。她自己的情慾得不到滿足，也不容她身邊的人，哪怕
是自己的兒女，有正常的愛情與性生活。兒子娶了媳婦，她百般
挖苦，多方羞辱，讓新媳婦悲恨欲死；半夜三更，叫兒子陪她抽
大煙，不與媳婦同房，還給兒子討了個姨太太，使媳婦更不好過，
最後妻妾兩人都被折磨而死。女兒上學、戀愛，她都變著花樣從
中破壞，直到它們無疾而終。下面這一段文字所包含的卑鄙、醜
惡以及陰森、恐怖讓每一個正常的讀者不寒而慄：

　　　然而風聲吹到了七巧的耳朵裏。七巧背著長安吩咐長白下
　　帖子請童世舫吃便飯。世舫猜著姜家許是要警告他一聲，

12　迅雨：《論張愛玲的小說》，《萬象》第 3 年第 11 期，1944 年 5 月。
13　夏志清：《中國現代文學史》，台北，博記文學出版社，民國 68 年 9 月，頁
　　406。

不准他和他們小姐藕斷絲連，可是他同長白在那陰森高敞的餐室裏吃了兩盅酒，說了一會話，天氣、時局、風土人情，並沒有一個字沾到長安身上。冷盤撤了下去，長白突然手按著桌子站了起來。

世舫回過頭去，只見門口背著光立著一個小身材的老太太，臉看不清楚，穿一件青灰團龍宮織緞袍，雙手捧著大紅熱水袋，身邊夾峙著兩個高大的女僕。門外日色昏黃，樓梯上舖者湖綠花格子漆布地衣，一級一級上去，通入沒有光的所在。世舫直覺地感到那是個瘋子 —— 無緣無故的，他只是毛骨悚然，長白介紹道：「這就是家母。」

世舫挪開椅子站起來，鞠了一躬。七巧將手搭在一個傭婦的胳膊上，款款走了進來，客套了幾句，坐下來便敬酒讓菜。長白道：「妹妹呢？來了客，也不幫著張羅張羅。」七巧道：「她再抽兩筒就下來了。」世舫吃了一驚，睜眼望者她。七巧忙解釋道：「這孩子就苦在先天不足，下地就得給她噴煙。後來也是為了病，抽了這東西。小姐家，夠多不方便哪！也不是沒戒過，身子又嬌，又是由著性兒慣了的，說丟，哪兒丟得掉呢！戒戒抽抽，這也有十年了。」世舫不由得變了色，七巧有一個瘋子的審慎與機智。她知道，一不留心，人們就會用嘲笑的，不信任的眼光截斷她的話鋒，她已經習慣了那種痛苦。她怕話說多了要被人看穿了。因此及早止住了自己，忙著添酒佈菜。隔了些時，再提起長安的時候，她還是輕描淡寫的把那幾句話重複了一遍。她那平扁而尖利的喉嚨四面割著人像剃刀片。

> 長安悄悄的走下樓來，玄色花繡鞋與白絲襪停留在日色昏
> 暗的樓梯上。停了一會，又上去了，一級一級，走進沒有
> 光的所在。[14]

　　這個「背著光立著」的「臉看不清楚」的，把自己女兒逼入
「沒有光的所在」的「小身材的老太太」，無疑是一個人性淪喪的
象徵，她輕輕鬆鬆地撒個謊（長安此時已經戒煙）就徹底斷送了
女兒的終身幸福。七巧已經變成一個地地道道的人形妖怪。

　　張愛玲的語言敘事技巧主要脫胎於《紅樓夢》，精工富麗，
綿密細巧，幾乎找不出瑕疵與漏洞。尤善寫人物對話，真能做到
聲口畢肖，聲情並茂。如《金鎖記》開頭不遠寫七巧出場的一段
就像極了《紅樓夢》中的王熙鳳出場的那一段，但寫得更細緻，
令人有青出於藍之感。

　　張愛玲的語言與敘事技巧另一方面則得益於西方現代小說
的影響，例如意象的經營、意識流式的心理描寫與蒙太奇式的剪
輯手法的運用，使張愛玲的小說在傳統的外貌下充滿現代的張力。

　　《金鎖記》從頭至尾充滿繁複、精緻而耐人尋味的意象，例
如或淒涼或猙獰的月亮（頁140，頁171，172，186）、玻璃匣子
裏蝴蝶的標本（頁151）、沿著桌子下滴的酸梅湯（頁163），鑽進
紡綢袴褂的白鴿子（頁164），紙糊的人兒（頁165），走不完的寂
寂的迴廊（頁177），像一天星的雨珠（頁178），印在淡青的天上
的一樹枯枝（頁184），淡黃的雛菊（頁185）等等。它們不僅是
生動的景色或鮮明的比喻而已，他們同時是某種意義的隱約象

14　張愛玲：《傾城之戀》，台北，皇冠出版公司，1994年3月，頁183-184。

徵，令人起無盡的聯想。

　　《金鎖記》的心理描寫細膩而不覺痕跡，敘事者常常以一種自由轉述的文體（free indirect style）[15]切入人物的意識流動，例如寫分家後幾個月姜季澤來看七巧並向他傾訴愛情之後，七巧的心理活動：

> 七巧低著頭，沐浴在光輝裏，細細的音樂，細細的喜悅……這些年了，她跟他捉迷藏似的，只是近不得身，原來還有今天！可不是，這半輩子已經完了 —— 花一般的年紀已經過去了。人生就是這樣的錯綜複雜，不講理。當初她為什麼嫁到姜家來？為了錢麼？不是的，為了要遇見季澤，為了命中注定她要和季澤相愛。她微微抬起臉來，季澤立在她面前，兩手合在她扇子上，面頰貼在她扇子上。他也老了十年了，然而人究竟還是那個人呵！他難道是哄她麼？他想她的錢 —— 她賣掉她的一生換來的幾個錢？僅僅這一轉念使她暴怒起來。就算錯怪了他，他為她吃的苦抵得過去她為他吃的苦麼？好容易她死了心了，他又來撩撥她，她恨他。他還在看著她。他的眼睛 —— 雖然隔了十年，人還是那個人呵！就算是他騙她的，遲一點兒發現不好麼？即使明知是騙人的，他太會演戲了，也跟真的差不多罷？[16]

　　這裏沒有「她想」之類的字眼，敘述者的敘述與七巧的心理活動融為一體，好像七巧自己在想，又好像敘述者在替她揣想。接下去姜季澤終於被她罵得生氣了，小說寫道：

15　參看本書第 20 章〈老舍和駱駝祥子〉有關部份及注 2。
16　同 14，頁 161-162。

季澤走了。丫頭老媽子也給七巧罵跑了。酸梅湯沿著桌子
一滴一滴朝下滴，像遲遲的夜漏——一滴，一滴……一更，
兩更……一年，一百年。真長，這寂寂的一剎那。七巧扶
著頭站著倏地掉轉身來上樓去，提著裙子，性急慌忙，跌
跌蹌蹌，不住的撞到那陰暗的綠粉牆上，佛青襖子上沾了
大塊的淡色的灰。她要在樓上的窗戶裏再看他一眼。無論
如何，她從前愛過他。她的愛給了她無窮的痛苦。單只是
這一點，就使她值得留戀。多少回了，為了要按捺她自己，
她迸得全身的筋骨與牙根都酸楚了。今天完全是她的錯。
他不是個好人，她又不是不知道。她要他，就得裝糊塗，
就得容忍他的壞。她為什麼要戳穿他？人生在世，還不就
是那麼一回事，歸根究底，什麼是真的？什麼是假的？
她到了窗前，揭開了那邊上綴有小絨球的墨綠洋式窗簾，
季澤正在弄堂裏望外走，長衫搭在臂上，晴天的風像一群
白鴿子鑽進他的紡綢袴褂裏去，哪兒都鑽到了，飄飄拍著
翅子。[17]

　　這是《金鎖記》中至為精彩的一筆，寫七巧身上殘餘人性的
最後一次迴光。場景、心裏活動、人物動作、刻意經營的意象在
這裏可說完美地融合在一起，天衣無縫，美不勝收。「晴天的風像
一群白鴿子鑽進他的紡綢袴褂裏去，哪兒都鑽到了，飄飄拍著翅
子。」多麼鮮明、飽滿的形象！「哪兒都鑽到了」顯然充滿了性
的暗示：七巧多麼羨慕那些白鴿子啊！

---

17 同14，頁163-164。

至於電影的手法運用，我們在小說一開頭就可以看到：

　　30 年前的上海，一個有月光的晚上⋯⋯

　　月光照到姜公館新娶的三奶奶的陪嫁丫頭鳳蕭的枕
　　邊。⋯⋯[18]

下面這一段則是更典型的蒙太奇：

　　風從窗子裏進來，對面掛著的回文雕漆長鏡被吹得搖搖晃
　　晃，磕托磕托敲著牆。七巧雙手按住了鏡子。鏡子裏反應
　　著和翠竹簾子和一副金綠山水屏條依舊在風中來回盪漾
　　著，望久了，便有一種暈船的感覺。再定晴看時，翠竹簾
　　子已經褪了色，金綠山水換為一張她丈夫的遺像，鏡子裏
　　的人也老了十年。[19]

　　《金鎖記》主題的深刻與藝術上的完美令我們不能不贊同夏
志清先生的評價，它的確稱得上「中國從古以來最偉大的中篇小
說」。

─────────────

　　18　同１４，頁 14〇。

　　19　同１４，頁 165。

第十章 中共小說：1942～1976

　　1946 至 1949 年的國共內戰最終導致台灣和大陸的暫時分離，中國現代文學從此分爲兩支發展，呈現出截然不同的面貌。在本章裏，我們打算對 1976 文革結束前的大陸小說 —— 以其強烈的意識形態色彩，也不妨稱之爲「中共小說」，作一個極其簡略的概括性描述。

　　中共小說的源頭應當追溯到 40 年代前期的「邊區（即中共政府所在的陝甘寧邊區）文學」及 40 年代後期的「解放區（即被中共軍隊佔領的華北、東北地區）文學」。前者的代表作家是趙樹理與孫犁，後者的代表作家是丁玲和周立波。

　　趙樹理（1906～1970），山西沁水人，出身農家，讀過幾年私塾，後進長治第 4 師範學校，並加入中共，因參加學潮而逃亡，被捕入獄。在「自新院」裏寫下他的處女作《白馬的故事》、《悔》。出獄後參加中共的文宣工作，並在 1943 至 1945 年間連續寫下短篇小說〈小二黑結婚〉、中篇小說《李有才板話》及長篇小說《李家莊的變遷》，一時轟動邊區文壇。

　　趙樹理自稱「文攤文學家」，提出了他的著名的「文攤文學」的主張：「文壇太高了，群眾攀不上去，最好拆下來舖成小攤子。」

「又說自己的小說是「問題小說」，是「在作群眾工作的過程中，遇到了非解決不可而又不是輕易能解決了的問題，往往就變成所要寫的主題。」[2]所以就審美趣味而言，趙樹理是大眾化的，首先是農民化的。土味十足，然而並不夾雜方言和俚語的語言，樸素、直白、健康、爽朗，帶有農民式的幽默。小說的結構常常是傳統式的，講究故事性，喜歡用一些「細節性小道具」來貫串故事，引人入勝。又好給小說中的人物起綽號，如「三仙姑」、「二諸葛」、「鐵算盤」、「常有理」之類，頗像「水滸」人物的農民化。就小說內容而言，趙樹理是政治化的，首先是中共邊區政治問題化、農村問題化，他有意識地配合中共在邊區的政策，用小說演示它的合理性、進步性，甚至企圖用小說來「指導現實」[3]。趙樹理的小說特色可以一言蔽之，即「中共政治＋農民趣味」。自文學革命以來，中國現代小說尚未出現這種品種，因此趙樹理的小說的確別張一幟，給人耳目一新的印象。而更為重要的是，在趙的成名作〈小二黑結婚〉發表前一年，1942 年 5 月，毛澤東在延安的一次文藝座談會上，發表了一篇後來成為中共文藝理論綱領的講話，其中有兩個最根本的論點：一、「文藝必須從屬於政治」；二、「文藝必須為工農兵服務」。趙樹理的小說顯然恰好是毛這兩大綱領的具體實踐，因而被視為毛的文藝路線的最新的實績，於是被中共的宣傳機器及左派理論家們捧為「趙樹理方向」，成為邊區作

---

1 轉引自李普：〈趙樹理印象記〉，1949 年 6 月《長江文藝》第 1 卷第 1 期。
2 趙樹理：〈也算經驗〉，載 1949 年 6 月 26 日《人民日報》。
3 同上。文中說：「假如也算經驗的話，可以說『在工作中找到的主題，容易產生指導現實的意義』。」

家仿傚的榜樣[4]。同一時期在邊區成名的另外一位中共小說家是孫犁（1913～2002，河北安平人）。他有完全不同於趙樹理的風格，語言清新、自然、淡雅、富於詩意，善於在戰爭風雲及邊區現實中捕捉人情美和人性美，尤善寫含蓄、深沈的中國冀北農村女性。他的小說的政治色彩並不如文字表面展現的那樣強烈，人性和人情才是他真正留心的。他的作品有短篇小說集《白洋淀紀事》（1945）（其中〈蘆花蕩〉、〈荷花淀〉兩篇最有名），中篇小說《鐵木前傳》（1956）及長篇小說《風雲初記》（1953、54 年）。

　　稍後國共戰爭開始，中共於 1946 至 48 年間在其所佔領的華北、東北地區進行了最早的土地改革，組織農民「打地主、分田地」，隨後則以「保衛勝利果實」為誘餌，哄騙農民參軍，打國民黨。在中共「為政治服務」的文藝理論之下，一批反映中共土地改革，為其殘酷鬥爭的合理性、進步性辯護的小說出現了。其中最著名的是丁玲（1904～1986）的《太陽照在桑乾河上》與周立波（1908～1979）的《暴風驟雨》。

　　《太陽照在桑乾河上》（1948 年出版）原計劃寫三部：一、鬥爭；二、分地；三、參軍，結果只出了第一部。《暴風驟雨》共兩部（第一部 1948 年出版，第二部 1949 年出版，1954 年兩部合併重版發行），則把中共土地改革的這三部曲都寫到了。從這個角度看，這兩部小說對於我們認識中共的土地改革確有一般歷史書所不能替代的意義。中國舊時農村的可怕的貧困，農民對地主的

---

[4]　不過，我們並無根據認為趙樹理是看了毛的講話後才創作了這些小說的。參看唐翼明：〈「毛澤東講話」與「趙樹理方向」〉，收入唐著《大陸當代小說散論》，台北，文史哲出版社，2006 年。

世代積怨，共產黨發動農民、激化仇恨的目的、步驟與手段以及在這激烈世變中所表現出來的人性等等，雖則多少經過了作者意識形態的有意扭曲，我們仍可從中讀出許多眞實或部分的眞實，或變形的眞實。二書在藝術上都談不上多少成就，前者較自然，人物尚未至於臉譜化，比後來的中共小說爲好；後者在運用東北方言上頗有特色，個別人物（如老孫頭）寫得頗生動。

1949 年中共建國以後，政治對文藝的控制日趨緊嚴，毛澤東親自發動的一系列「文藝運動」，如 1951 年的對電影《武訓傳》的批判，1954 年對俞平伯《紅樓夢研究》的批判，1955 年對「胡風反革命集團」的批判，1957 年「反右派運動」，一步步誘逼作家走上徹底地爲共產黨革命塗脂抹粉、歌功頌德的道路，至 1966年開始的十年文化大革命而登峰造極，但中共文學也就同時走上絕路了。

我們先來看看文革前的「17 年」。

我們可以把這一時期的中共小說按題材分爲四大類：戰爭小說、革命傳奇、鄉村小說與城市小說。下面分別談談。

（一）戰爭小說

共產黨的天下是靠暴力取得的，毛澤東有一句名言，叫做「槍桿子裡出政權」。中共文學既然必須爲政治服務，那麼描寫中共武裝奪取政權的過程自然成爲小說的重要題材。1949 年以後，這類小說大量出現，最著名的是三部長篇小說：杜鵬程（1921～1991）的《保衛延安》（1954 年出版），吳強（1910～1990）的《紅日》（1957 年出版）、曲波（1923～2002）的《林海雪原》（1957 年版）。

《保衛延安》敘述 1947 年 3 月到 9 月半年間，中共軍隊在國軍胡宗南部大舉進攻下，退出延安到收回延安的經過，重點寫

了青化砭、蟠龍鎮、沙家店三大戰役。此書的特色在描繪了共軍基層官兵的群像，其中連長周大勇及團政治委員李誠，是作者落筆最多也寫得最成功的人物。而李誠如何作共軍官兵的政治思想工作寫得細緻感人，要想知道共軍基層戰鬥力的維持，李誠的形象無疑是最值得我們注意的。

《紅日》的題材取自中共華東野戰軍與國軍 74 師在 1946 深秋至 1947 夏初所進行的戰爭，重點是漣水、萊蕪、孟良崮三大戰役。第一次共軍受挫，第二次大捷，第三次國軍 74 師全軍覆沒。《紅日》較《保衛延安》寫得豐滿、細緻，尤其是對兩軍高級將領著墨甚多，但兵士及基層部分則寫得較弱。中共軍長沈振新的冷靜、沈著，副軍長梁波的幽默、平易，團長劉勝的勇敢、急躁，連長石東根的勇猛耐勞、勝驕敗餒的性格都有頗生動的刻畫。

《林海雪原》則寫一支 36 人的共軍小分隊在東北林海與一支國軍殘部纏鬥的故事。小說的語言與格調都不高，頗有一點武俠小說的味道，靠情節之曲折引人。主角少劍波自是作者曲波理想的自畫像。寫得最好的角色則是足智多謀的孤膽英雄、共軍偵察排長楊子榮。文革時八大樣板戲的京劇《智取威虎山》即取材自此書。

中共戰爭小說的主題可以一言蔽之：「毛澤東指揮共產黨，共產黨領導窮苦人民打天下。」良好的軍民關係、細緻的政治工作、集體的英雄主義、革命樂觀主義、領袖崇拜、毛澤東軍事路線的英明偉大等等，自是這類小說必不可少的內容。這類小說把殘酷的戰爭寫成狂歡的盛宴、英雄的浪漫曲，崇高、偉大、英勇、智慧、正義、人道，全歸於共軍一方，而國軍，尤其是上層將領，則一無例外是殘酷、獸性、儒弱無能、貪生怕死的化身，充分發揮了政治宣傳的作用，然而付出的代價則是真實性的大打折扣。

（二）革命傳奇

這類小說也可稱爲革命羅曼史，它賦予中共革命以一種令人神往的浪漫色彩和英雄主義，它通常帶有濃厚的自傳色彩，以「革命＋戀愛」爲小說主要架構。其中最重要的最有代表性的是楊沫（1914～1996）的《青春之歌》（1958 年出版）、梁斌（1914～1996）的《紅旗譜》（1957 年出版）以及梁廣斌（1924～1967）與楊益言（1925～）合著的《紅岩》。

《青春之歌》寫女主角林道靜抗婚出走，到北戴河投奔表兄不遇，作小學老師又遭人欺負，悲憤之極，欲投河自殺。遇北大學生余永澤救起，兩人發生感情而同居。然而日久生厭，林漸看不起余的自私與埋頭讀書，胸無大志。偶爾在一次晚會上邂逅北大左派學生領袖盧嘉川，一拍即合。後盧爲叛賊戴愉所賣，入獄死。林道靜在其精神感召下，毅然脫離余永澤的懷抱，投身革命，參加中共領導的「12·9」（1935 年）左派學生運動，最終與工人出身的中共學運領袖江華結合。把小說同作者的小傳同讀，不難發現小說的大部分情節都出自楊沫的親身經歷，只是更「提高」了，更「革命」了，也更浪漫了

《紅旗譜》的故事從冀中平原上一個叫鎖井鎮的村莊寫起，沿著受苦農民朱、嚴二家與惡霸地主馮家的三代世仇線索，以「反割頭稅鬥爭」與「保定二師學潮」爲中心事件寫中共的「農運」與「學運」，交織著社會政治的變遷與家族之間的恩怨情仇。頭緒比《青春之歌》更繁複，時間跨度較大，語言也較潑辣，但基本模式還是階級鬥爭、共產黨介入、革命加戀愛。

《紅岩》與前二書不同之處在於以中共黨員在國民黨獄中的

鬥爭爲小說的主要內容。國民黨特務人員的陰險毒辣、叛徒的卑鄙無恥、共產黨人的堅貞不屈、機智勇敢、獻身精神都被描寫到「淋漓盡致」的程度，其中尤以中共領導人許雲峰與江姐的形象最爲「高大」，「高大」到令人難以置信的程度，是只能以「羅曼史」（Romance）而非寫實小說來讀的。

　　配合小說題材的革命激情，中共此類小說的語言也往往是浪漫煽情的。《紅岩》中江姐臨刑前對難友所說的一句話，可以作爲此類語言的代表：「如果需要爲共產黨主義的理想而犧牲，我們每一個人，都應該、也可以做到——臉不變色，心不跳」[5]這一類的「警句」在文革中便發展成一種普遍的樣板豪言。

　　（三）鄉村小說

　　中共建政後立即在全國農村進行土地改革（1950～51），隨即又在農民中推廣互助組（1952～53），稍後又大力發動農業合作化運動（1954～57），直到 1958 年在全國農村普遍成立「人民公社」爲止，中共稱這一系列運動爲「農業的社會主義改造」，其總的目標是把土地的私有制（中共稱爲「資本主義道路」）變爲土地的國有制（中共稱爲「社會主義道路」）。中共建政後的鄉村小說幾乎無一例外把「農業的社會主義改造」及其與此相關的社會風俗、人際關係之變遷作爲自己的題材。此類小說的主旨都是顯示共產黨如何教育、率領農民走「社會主義道路」，粉碎來自地主、富農（包括與混入共產黨內的階級異己分子及腐化變質分子）的破壞與反抗，而最終取得「社會主義改造」的勝利。其代表的作

5　羅廣斌、楊益言：《紅岩》，北京，中國青年出版社，1963 年 7 月第二版，1994 年第 37 刷，頁 544。

品有李準的《不能走那條路》（短篇，1953）、柳青的《創業史》
（長篇，1959）、周立波的《山鄉巨變》（長篇，上，1958，下，
1960）及浩然的《艷陽天》（長篇，1965）。

〈不能走那條路〉雖是一個短篇小說，但影響卻很大。最初
發表於 1953 年 11 月 20 日的《河南日報》，接者就被《人民日報》
等 40 多家報刊轉載，並被改編成話劇、地方劇、連環畫。它敘述
土地改革後不久互助組時期發生在河南某地農村的一個故事。貧
農張拴土改分地之後不好好種田，做生意虧了本，打算把地賣了
還賬。同是貧農的宋老定，土改後家境興旺，一心想把張拴的地
買下來。宋老定的兒子是共產黨員，不贊同父親的想法，他覺得
貧苦農民必須聽共產黨的話走互助合作的道路，而不能走從前地
主買地發家的老路 —— 亦即中共所說的「資本主義道路」，於是勸
父親打消買地的念頭，還借錢給張拴度過難關。這篇小說相當真
實地反映了早期大陸農村土地改革後，重新面臨貧富兩極分化的
困境以及中共企圖以互助合作的方式擺脫這種困境的努力。

柳青（1916～1978，原名劉蘊華）的《創業史》則企圖以四
部巨構展現陝西農村在共產黨的領導下從互助組到農業合作社
（又分低級社與高級社兩階段）到人民公社的全過程。可惜作者
早逝（文革中受到迫害），只完成第一部與第二部的上卷及下卷前
四章。《創業史》第一部寫共產黨員、貧農梁生寶如何領導一個十
分貧困的互助組排除萬難，跟各種反對勢力及舊思想、舊習慣作
鬥爭，終於擺脫貧困的故事，證明毛澤東所倡導的「走社會主義
道路」之正確。

《山鄉巨變》的故事發生在湖南一個名叫清溪鄉的小鎮，而

其內容則正可與《創業史》相銜接。上篇寫清溪鄉建立初級農業合作社的過程及其發生的變化，下篇寫高級社的的成立及成立後鬥爭的深入與合作化的鞏固。

《艷陽天》（三卷，一百多萬字）的故事發生在北京郊區，其時間又緊接《山鄉巨變》，寫1957年麥收前後東山塢農業合作社裏所發生的「尖銳複雜的階級鬥爭」，最後當然是「社會主義道路」獲勝，「資本主義勢力」慘敗，展現了「毛澤東思想在農業戰線上的無比威力」。

這些小說的統一的意識形態主題嚴重損害了它們的真實與深刻，其中尤以《艷陽天》為甚。浩然（1932～，原名梁金廣）後來在文革中出版的同一類型的長篇多卷本小說《金光大道》就更是火藥味十足，「左」到令人難以卒讀的地步了。但柳青、周立波、浩然，其實都是相當有才華的作家，駕馭語言的能力不低，如果撇開這些小說中的意識形態不論，其描寫鄉村情事、人情世故仍不乏可讀之處。

（4）城市小說

1945年中共建政後在城市裏所進行的「除舊布新」的工作，表現上似不如農村之血腥，而其劇烈的程度則猶有過之。在戰後經濟秩序稍稍恢復之後，中共即於1951年底開始在城市各機關、各部門開展猛烈的「三反」（反貪污、反浪費、反官僚主義）、「五反」（反行賄、反偷稅漏稅、反盜竊國家資材、反偷工減料、反盜竊國家經濟情報）運動，前者主要針對機關幹部，後者則是向資本家開刀的。1954年開始實行「公私合營」，即對私營工商業進行「社會主義改造」，將工商資本的私有制變為國有制或地方政府

所有制（中共稱後者爲「集體所有制」），僅僅付給資本家固定的年息，而剝奪他們支配企業的權力。這一改造到 1956 年底完成，私人企業、商業完全從中國大陸上消失了。中共的城市小說大都以上述運動爲題材，而有份量的極少，遠不如其鄉村小說之豐富。我們勉強可以舉出艾蕪（1904～1992）的《百煉成鋼》與周而復（1914～2004）的《上海的早晨》爲代表。

《百煉成鋼》（1957 年出版）寫某煉鋼廠的故事，以中共建政初期經濟恢復時期爲背景。小說的主要內容是先進工人秦德貴、落後工人張福全與帶有舊習氣而本質不壞的老工人袁廷發之間的矛盾糾葛（包括戀愛糾葛），最後卻歸結到暗藏特務分子李吉明的破壞，這自然是中共階級鬥爭邏輯的形象推演。

《上海的早晨》的內容則完全是反映中共對私營工商業的改造的，如果要了解中共在這一方面的作爲，這是一本不可不讀的小說。全書共分成四部，第一部寫「解放」初期資本家的「猖狂」，發表於 1958 年；第二部寫「五反」運動，共產黨向資本家開刀，發表於 1961 年；第三部「民主改革」—— 中共改造私營工商業的第一步，發表於 1979 年春；第四部寫「公私合營」—— 中共對私營工商業的徹底改造，發表於 1979 年冬。這本小說的成就，就是寫出了中共建政以後各類資本家的掙扎與表演，可視爲茅盾 30 年代的小說《子夜》的續篇。

至於十年文革期間則幾乎沒有文學可資討論，當時流傳一句話云：「十億人民一個作家」。這個作家就是前面提過的浩然，他在文革中發表了長篇小說《金光大道》，並且得到江青等人的好評，在文革中有此殊榮的作家除浩然外再無第二人。《金光大道》

我們前文已經提及。此外浩然在文革中還發表了另外一部長篇小說《百花川》和一部中篇小說《西沙兒女》，其「左」的程度較《金光大道》更有過之。如果我們有興趣研究江青等人的「樣板文藝」和「三突出」（在所有人物中突出正面人物，在正面人物中突出英雄人物，在英雄人物中突出中心人物）、「高大全」（英雄人物要崇高、偉大、完美）等「創作原則」，這些小說當然是不可不詳加剖析的，但我們此刻就從略吧。

附錄一

論無名氏後期短篇小說的藝術得失

一

　　古今文人有幸運逢時的，也有倒霉背時的。作為一個小說家，卜寧先生或說無名氏先生，可說既走運又背時。從一方面看，是走運的；從另一方面看，則是背時的。此時走運彼時背時，時而走運，時而背時。二十六、七歲，即以兩部小說《北極風景畫》和《塔裏的女人》風靡文壇，一版再版，『據稱迄今已五百餘版[1]』，而這兩部小說按照作者自己的說法，還不過只是他的少年習作，對於一個小說家而言，還有比這更走運的嗎？無名氏真正具有自己哲學思考和藝術探索的六卷二百六十萬字的巨著《無名書》則於 1960 年作者 43 歲正當盛年時全部寫完，這也是一件極不簡單極其幸運的事。然而《無名書》只出了兩卷半，卻遭逢山河巨變，作者所有作品在大陸遭到查禁，寫作也只好轉到「地下」，而作者以艱苦卓絕的努力、耗時十年寫下的《無名書》後三卷半原稿竟然在文革中被抄家抄去，作者也鋃鐺入獄，對於一個作家，還有比這更倒霉，更背時的嗎？然而這三卷半原稿在厲行「焚坑事業」

1　參看《創世紀大菩提》（台北，文史哲，民國 88 年）及《死的巖層》，台北，文史哲，民國 90 年，封面摺頁《作者簡介》。

（傳為毛澤東寫給郭沫若的詩中有句云：「勸君少罵秦始皇，焚坑事業費商量。」）的文革時代居然若有神護，而未被焚，且於1978年重回作者手中，作者以二千餘封信件歷時兩年分批寄到香港，終於得以在台灣出版[2]。作者隨後也離開大陸，定居台灣，有充裕的時間修訂原作且親耳聆聽來自讀者與批評家的反響。這對於一個作家來說，又何其有幸。但是，時代不同了，環境也不一樣，這二百六十萬字的「江河小說」（無名氏自己的話[3]）所展現的時代內容及主人公印蒂的情感生命在台灣這塊土地上有幾個人會引起共鳴，有幾個人會真有興趣 —— 尤其在年輕一輩讀者中，是非常值得懷疑的。而作者在這部巨著中所展開的哲理思考與藝術探索，在1940年至1960年代，或許還不失新穎與前衛，但在舊世紀末新世紀初的今天，也不免成了明日黃花。這對於一個傾畢生精力、嘔心瀝血，除寫作而外不暇他顧的作家又是何等殘酷；古人云：「時不時，命也。」我們在無名氏及其創作的遭遇中，再一次見識了無情命運的恣意演出。不過無論如何，在《無名書》六卷修正完本終於出齊的今天，由文史哲出版社主辦來舉行這個無名氏創作學術研討會，卜老以85歲的高齡還能親身與會，與大家一起討論自己的作品，親自欣賞自己擲出的石片在人間泛起的連漪，到底是一件值得慶幸的功得圓滿的事，是值得卜老與我們大家都浮一大白的。

---

2 此事原委請參看《創世紀大菩提》（台北，文史哲，民國88年）上冊卷首的〈告讀者〉，頁3-6。

3 同2，頁6。

二

關於《無名書》，這個會上已有論文，我就不再重複。我來談談無名氏的短篇小說。

無名氏早期的短篇小說，據司馬長風《中國新文學史》的說法，共有兩個集子，十二篇小說，它們是：

一、〈古城篇〉（1939 年 12 月）

二、〈海邊的故事〉（1940 年 2 月）

三、〈日爾曼憂鬱〉（1940 年 3 月）

四、〈鞭屍〉（1940 年 8 月）

五、〈露西亞之戀〉（1942 年 1 月）

六、〈騎士的哀怨〉（1942 年 12 月）

以上 6 篇合集出版，題爲《露西亞之戀》。

七、〈伽　倻〉（1942 年 7 月）

八、〈狩〉（1942 年 8 月）

九〈奔流〉（1942 年 11 月）

十、〈抒情〉（1943 年 1 月）

十一、〈龍魔〉（1943 年 9 月）

十二、〈龍窟〉（1943 年 10 月）

以上 6 篇合集出版，題爲《龍窟》。

以上 12 個短篇，寫於 1939 年至 1943 年，作者 22 歲到 26 歲間，跟《北極風情畫》（1943 年 11 月）和《塔裏的女人》（1944 春）一樣，按作者自己的說法，基本上都是一種「習作」，是作者爲後來寫《無名書》所作的準備或片斷的試作。例如在〈露西亞

之戀〉篇末有作者附記云：「這是一個未完成的一個長篇斷片[4]。」
在〈伽亻耶〉、〈狩〉、〈奔流〉、〈抒情〉四篇之後，作者有附記云：
「爲一個未出版的長篇的四個片斷。」[5]在〈紅魔〉、〈龍窟〉二篇
後，作者又有附記云：「是一個未完成的長篇的第一章與第二章。」
[6]

　　作者自己的話是可信的。這些短篇小說寫作的目的顯然大抵
上是一種敘事技巧與文字駕馭能力的自我訓練，而非生命實感的
噴發。以〈露西亞之戀〉爲例，這篇小說寫一個韓國的抗日志士
在柏林一家俄國人開設的咖啡館裏同一群寓居異國的白俄軍官們
的邂逅，寫他們對祖國母親的深刻思念，這當然同作者的生命經
驗沒有多大關係，大概是作者以聽來的一些片斷故事[7]及讀外國作
品得到的印象爲材料鋪寫而成的，說它大體上是一種寫作練習應
不過分。只不過作者的豐富想像、充沛情感及文學才華使他的早
期習作到今天也還有可讀之處罷了。

　　在無名氏後來的作品中常見的那種充沛到有點浪費的情
感，對於色彩、聲、光特別敏銳之感受，對於域外奇詭風情的癖
愛，大段大段充滿排比、對映、跳躍句式的誇張描摹，對人物心
理細緻到有點過度的刻畫，在此時的短篇小說中都已初見端倪。

三

4 見無名氏《契闊》，石家莊，花山文藝出版社，1994，頁 20。
5 參看司馬長風《中國新文學史》，台北古楓出版社，1986，下卷，頁 102。
6 同 5。
7 無名氏 1940 年曾隨韓國光復軍李範奭去西安，參看司馬長《中國新文學史》
　下卷，頁 101。

　　本文想著重來談談無名氏後期的短篇小說，其中大部分是定居台灣之後寫的。

　　無名氏後期的短篇小說，我看到的主要是兩個集子：《花與化石》（無名氏全集第九卷上冊，台北，中天出版社，1999）及《一根鉛絲火鉤》（無名氏全集第九卷下冊，台北，中天出版社，1999）。前書收〈上橋〉、〈窗紗〉、〈花的恐怖〉、〈一杯水〉、〈化石〉五個短篇；後書收〈一根鉛絲火鉤〉、〈鴨舌帽〉、〈甲魚〉、〈契闊〉、〈拈花〉、〈一型〉、〈妁〉、〈幽靈碎片〉八個短篇。總共十三篇。

　　這十三篇小說是作者對大陸社會所作的十三幅素描。與無名氏從前的作品相較，風格有很大變化，既不像早期作品「如〈露西亞之戀〉、《北極風情畫》、《塔裏的女人》等」那樣充滿浪漫感傷的氣氛，以風流倜儻的愛情故事，變幻奇詭的悲歡離合來贏得讀者，尤其是青年讀者的喜愛；也不像江河小說《無名書》那樣閃爍著現代主義的色彩，以雖不免重複冗長，但卻氣勢淋漓的筆觸刻畫主人公印蒂在動蕩的時代中載浮載沉的蒼茫迷亂的靈魂。這十三個短篇卻以一種寫實的 —— 甚至相當傳統的寫實的手法從若干側面給中共治下的大陸社會留下了一些剪影。這些剪影是零亂的，不系統的，主要是從作者個人的視角與觸角所接觸到的範圍，側重個人的心理感受與近距離的人際關係，雖缺乏對那個社會的本質以及生活在那個社會中的人的命運的深層探索，但讀者還是可以通過這些表層的素描去感受，去揣擬那個社會的氣氛，並由此體會、思考那個社會的本質。

　　這十三篇小說以故事內容而言，可以分為兩個大類。一大類是只可能發生在中共治下的大陸的故事，如〈上橋〉、〈窗紗〉、〈花

的恐怖〉、〈鴨舌帽〉、〈一杯水〉、〈化石〉、〈契闊〉、〈一型〉。這一
類又可細分爲兩個小類，前四篇是一小類，重點在寫大陸社會個
人的沒有自由，都是由「我」來講述的，這個敘事者「我」從各
方面的跡象可以判斷大抵上就是作者卜寧，所以這四篇其實非常
接近散文，或者說根本就是散文；後四篇可算另一小類，重點在
寫大陸社會中人際關係的猜疑、疏離和扭曲，小說味道較濃，尤
其是〈契闊〉，可說是無名氏後期短篇小說中最好的一篇。另一大
類的故事則是尋常的人生戲劇，雖然發生在大陸，因而不免帶有
大陸社會的種種細節特色，但其主幹部分其實也可以發生在其他
地方，其他社會。這一類包括〈一根鉛絲火鉤〉、〈甲魚〉、〈拈花〉、
〈妁〉、〈幽靈碎片〉。其中〈幽靈碎片〉小說味道最濃，幽默而反
諷，是無名氏後期小說中藝術上僅次於〈契闊〉的一篇。〈甲魚〉
是個幽默小品，〈一根鉛絲火鉤〉可作寓言讀，兩篇對中共社會都
有所諷刺。〈拈花〉與〈妁〉則是一些人物素描，基本上只是小說
素材，獨立來看，則意義不大。

　　下面我想以〈契闊〉爲中心，來分析無名氏後期短篇小說的
藝術成就及其存在的問題。

四

　　〈契闊〉的內容非常簡單：兩個好朋友 —— 殷與唐，十年不
見了，殷住杭州，唐住南昌，這次唐路過杭州，函告來訪，殷高
興得不得了，特地起個大早，到街上買了筍子，準備叫太太小陳
炒個唐最嘉歡吃的油爆筍來款待唐。沒想到二人見面後卻幾乎演
了一場啞劇。先是唐發現殷室內的陳設的「氣味」不對，於是戒

備起來，接著是殷發現唐的戒備也戒備起來，於是各自揣想，互相猜疑，使一場老友重逢、互敘契闊的戲完全變了調，走了樣。鄰居的指桑罵槐，戶籍警的突然到訪進一步加深了唐的疑懼，終於使他下定決心，立刻告辭，小陳已備好的午飯他都沒吃。

〈契闊〉的好處在於摘取生活中一個極平常的鏡頭，以極平常的語言，不感傷，不煽情，不叫罵，不批判，卻一步步營造出一種極怪異、極恐怖的氣氛，讓人一讀即難忘懷，對大陸文革中人性之扭曲，人際關係之緊張、猜疑竟會到達如此荒謬的程度始則驚訝，繼則悲憫，終則不得不掩卷沉思：孰令致之？

> 一個十年不見的外地老友來訪，敘敘契闊，這不是一件小
> 事，這個時候。[8]

這真是一個漂亮的開頭，不僅像古文家說的那樣，「首句破題」，重要的是它極為直接，卻又非常含蓄。老友重逢敘契闊，這本是平常小事，但作者反接的「這不是小事」，「小說性」立刻就出來了，再補上一句「這個時候」，就更令人覺得其中大有文章，這正是修辭家所謂的「懸念」，文字也極富張力。

我們還可以注意到，這個開頭的句子基調是議論，但議論中捎帶了敘事：「一個十年不見的外地老友來訪」。這種由議論捎帶敘事或從議論轉入敘事的開頭似乎是卜氏所擅長的，他後期較好的三篇小說全先這樣開頭的，例如〈幽靈碎片〉：

> 華盛頓若非淘氣、砍了那棵櫻桃樹，迅速「坦白交代」，後
> 來不會搖身一變為小學教科書上的模範兒童。司馬光要不

---

8 《一根鉛絲火鉤》，頁92。

是和鄰兒淘氣，以致有孩子跌入大水缸，而他獨敢砸缸救

人，後來也不會晉身為兒童教科書上的顯赫人物。

我們的頑童黑子，沒有這份幸運，亦乏偉人的細胞。他這

個小淘氣，本領或許可媲美華、司兩位的幼苗時代，但日

後所結果實，卻滿不是那回事。[9]

　　這個開頭就是由對華盛頓與司馬光的議論帶出對主人公黑

子的敘述，「日後所結的果實，卻滿不是那回事。」也充滿懸念與

張力。

　　〈一根鉛絲火鉤〉的開頭有一大段對「各式各樣的仇恨」的

議論，然後轉入：「例如有這麼一個人，竟對一根鉛絲火鉤發生深

仇大恨，幾乎與它誓不兩立，很少人不會驚奇的說：『這個人不是

神經病，就是瘋子！』」[10]也顯然是同樣的手法。

　　〈契闊〉開頭後即從「外地」二字生發，簡單敘述了兩位好

朋友的若干背景，緊接著是一大段（三小段）關於「友誼」的議

論：

「友誼」這兩個字，有許多許多含意。在那些被廢棄了的

時代，幾乎是一部袖珍百科全書，包羅萬象。從一綹少女

的黑色髮絲，到老年人的一聲咳嗽；從黃河鯉魚到小窗秋

風秋雨，都儲蓄在裏面。童年時代的風箏、陀螺、蟋蟀，

青年時代的四步舞、威士忌、小夜曲、三山五嶽風景照片，

以及街頭示威遊行，這裏面應有盡有。

在這個時候，它還代表另一些前所未有的嶄新內容。那不

9　同8，頁182。

10　同8，頁7。

是代表一杯新酒 —— 新的香雪酒或綠豆燒，也不僅是一個
新的月夜，新的樹葉子的靜，與星星的沈默，它代表一種
新的巨大抽象，猶如巴黎新派畫的抽象作品，雖然抽象極
了，卻有所涵，有所示，有所敘，一個真正的偉大具體正
隱藏其中。這以前，人們彷彿具體慣了，一舉手，要摸觸
到什麼，一張凳子，或一隻桌子，一抬眼，要看到什麼，
一隻碟子或一棵綠樹，一投足，要踏著什麼，一塊地板，
或一條瀝青路。現在，他們忽然抽象起來了，手幾乎不想
摸觸什麼，視覺不想映入什麼，那一雙非踏在什麼上面不
可的腳，最好，也能暫時騰雲駕霧，或者，化成莊子所描
畫的那個神話大鵬的微型腳，它們的功能幾乎能完全代替
翅膀。

目前，至少對殷來說，友誼正是這一切抽象之大成，一個
神秘象徵。它至少能容納人們那些渴望架空和游離的感
覺，通過這種感覺，藉那種被當代人認為是抽象圖案式的
不可理解的線條與色彩，寄託一種最古老而又最新的生命
奧妙體。它又彷彿是一部神話上的無字天書，會認的，全
識，不會認的，是一本白紙。[11]

這一段議論的意思可以簡化為兩句話：「『友誼』在正常社會
中是一本百科全書，包羅萬象，但不神秘；而在目前這個社會卻
是一幅抽象畫，一個神秘象徵，令人莫測高深，其意義全看你如
何解讀。」很明顯，這段議論正是承接開頭那句話加以發揮的。

---

11 同8，頁93-94。

有了這段議論，開頭「這不是一件小事，這個時候」就有了更明確更豐富的內涵，同時也爲下面發生的具體故事打好了基礎，讓讀者有了心理準備。如果沒有敘事者這段議論，從開頭就直接進入故事，就會顯得過於匆忙，文章的文氣也不夠充沛。

我之所以將這大段議論一字不漏地加以轉引，還有一個目的，就是想藉此探討一下無名氏小說語言的藝術風格 —— 這裏有成功也有缺失。

首先，我們在這一段議論裏看到無名氏語言的一個明顯特色，就是淋漓恣肆，氣勢磅礴。作者知識廣博，思路開闊，古今中外，神話典故，隨隨便便就驅策到自己的筆下，想說什麼就說什麼，絕無顧忌。另一個特色是譬喻疊出，意象繁複，作者寫文章特別喜愛用比喻，很少直說，很少白描，作者似乎寧願把意思寄託在比喻與意象之中，讓讀者從更形象的東西去感受他內心感受到的情緒，而不願或不喜（有時或不能）把自己的意思明白表示出來。第三個特色是作者往往喜歡在議論中，在比喻與意象中寄託某種哲思，表達自己對世界、對人生的看法。以上這些特色我們不難在無名氏其他作品中找到佐證，如前面提到的〈一根鉛絲火鉤〉開頭一段對「各式各樣的仇恨」的議論就是一個例子。短篇小說限於篇幅，這種特色往往還不能充分發揮，一到長篇小說，這種特色就發揮到淋漓盡致了，我們讀《無名書》，這樣的感覺就格外強烈。無名氏小說在語言上的創造與魅力就主要表現在這些特色上。

但是長處往往就是短處的發源地，瑕常常就隱在瑜中。語言恣肆淋漓，往往就會冗長、拖沓、話說得太多，會欠缺含蓄之美；

比喻多，有時意義反不顯豁，意象繁複，也免不了自相紊亂；寄託哲思，或不免於迷亂蒼茫。這些毛病，在無名氏的語言中幾乎都可以看到。即以〈契闊〉這段引文爲例，當敘事者說「它（友誼）代表一種新的巨大抽象，猶如巴黎新派畫的抽象作品」時，讀者其實很難明白這意思到底是什麼，爲什麼在目前這個社會「友誼」就抽象起來了？下面一系列對於「抽象」的描述，包括莊子大鵬的腳等處，讀來是很酣暢的，但到底怎樣跟現在的「友誼」意涵相連，卻頗令人費解。後面又說「它（友誼）至少能容納人們那些渴望架空和游離的感覺，通過這種感覺，藉那種被當代人認爲是抽象圖案式的不可理解的線條與色彩，寄託一種最古老而又最新的生命奧妙體。」這些話也說得相當「奧妙」，讀者若有所感，卻又很難確知其所云。

　　此外，無名氏在打比方時，每好驅策西洋典故，用得好時常常平添許多異國風情，也增加語言的活潑與韵致，尤其在浪漫言情的故事中。但作者往往克制不了自己年輕時養成的癖好，在後期這些寫實的小說中，也反複地不適當地使用這類典故來作比，就顯得有些不倫不類了。在上引〈契闊〉那段文章中，用了「四步舞」、「威士忌」、「小夜曲」、「巴黎新派畫」等洋典，雖不一定必要，還不覺過於突兀。至於下文出現的「福爾摩斯味的眸子」[12]（形容唐的眼光）、「柏拉圖」[13]（形容唐的沉思不語）、「哥倫布式的對新大陸的發現」[14]（形容殷對唐的感覺）就多少有些不必

---

12 同 8，頁 97。
13 同 8，頁 100。
14 同 8，頁 101。

要了。最令人不解的是〈一根鉛絲火鈎〉中形容一個普通老太太以及她與兒子、鄰居間的互動，卻一連用了「維蘇威火山」[15]、「英國女王歡迎法國總統」[16]、「左拉為德孚盧斯辯誣」[17]、「乃木大將率兵橫渡旅順一條河流」[18]、「居里博士向巴黎大學學生講解核子物理學」[19]等「高級」洋典，這不是很奇怪嗎？無名氏語言恣肆淋漓，但常有過分鋪陳而缺乏節制的毛病，在比喻用典上也每好奇炫博而不知檢控，尤其是濫用洋典，實在很容易給讀者留下「賣弄」、「掉書袋」的感覺。

五

讓我們繼續細讀〈契闊〉。

緊接上引那一大段關於友誼的議論之後，文本如此延續：

> 殷正思索著，一個瘦小人形慢慢晃過來。
>
> 誰？
>
> 殷正有點猶豫，忽然，幾乎叫起來。
>
> 「啊！老唐！是你！」[20]

在閱讀上面那一大段議論之時，我們不免擔心敘事者如何轉入故事正文，沒想到他如此輕易地就轉過來了，實在不能不佩服作者敘事技巧之圓熟。「思索」二字下得極好，這就把人物的內心活動同上面敘事者的議論 —— 尤其是最後一小段 —— 無形中鈎連

15 同 8，頁 16。
16 同 8，頁 18。
17 同 8，頁 19。
18 同 8，頁 25。
19 同 8，頁 27。
20 同 8，頁 94-95。

起來，暗示我們前面的議論不僅出自敘事者，也是人物（殷）的某種內心獨白。這種曖昧不明的敘述正是巴赫汀（M.M.Bakhtin, 1895-1975）所謂的「雙聲話語」（a dual-voiced discourse），或西方另一些敘事學者所說的「自由敘述體」（free indirect style）。無名氏在小說中常有意無意地使用這種敘事技巧，下面這一段更典型，唐在「端詳」殷的室內佈置時，文本寫道：

> 殷有點猜出唐的驚訝。從前，他們在上海市 G 印刷廠同事時，大約經常與書籍接觸吧，加上他本有根底，殷竟染上點書癖，喜歡中外文學書。他不只愛，也愛玩點字畫，家裏掛過幾件民國小名家的條幅、立軸。怎麼現在竟來了一百八十度大轉變？[21]

這一段不僅是明顯的「雙聲話語」，而且簡直是「三聲話語」。這裏有三個聲音：(1)敘事者的敘述，(2)殷的猜測，(3)唐的驚訝，三個聲音邏輯上是一個套一個，形式上卻沒有明顯的區分，即：唐的驚訝由殷的猜測顯現，殷的猜測又由敘事者代為敘述。圖示之則為：

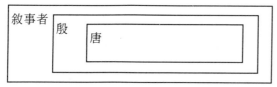

尤其是最後一句話把這一「三重性」特色表現得很明顯：「怎麼現在竟來了一百八十度大轉變？」這自然是唐的內心獨白，但這獨白卻是由殷代為設想，而最終都是由敘事者代為敘述出來

---

21 同 8，頁 97-98。

的。作者沒有用「他想」之類的引導語，因而使得這三者的界限完全不明確，但這有意的曖昧正是作者要達到的效果，讀者由此得到想像的空間與靈動的樂趣。

　　文本接下去寫殷、唐二人的互動以及心裡的種種變化，這是全文最主要的也最有戲劇張力的部分，我們再一次看到了無名氏敏銳細緻的感覺力、生動而富表現力的語言，以及靈活多變的敘事技巧。

　　兩人握手。「殷笑了，唐沒有笑。」殷笑著大聲向太太介紹，又說特地買了唐最喜歡吃的筍」，「今天午飯來一盤油爆筍，讓你嘗嘗新。」殷「嚷著，笑著」，唐都沒有回應，「他在端詳」。接下去文本從唐的眼裏描述室內的陳設，又從殷的角度猜測唐的想法，再以敘述者的口氣加以評論：「癥結其實不在這些，在一種氣味。……一個空間，就是主人內心形象的具體表現。」（這段評論再次展現「雙聲話語」的特色，我們同樣可以把它看作唐的內心獨白。）然後寫唐開始打量殷的穿著，懷疑殷當了「幹部」（官），中間插入鄰居女人的指桑罵槐，唐的反應是「裝著無意一抬手，竟把房間碰開了，—— 來個大開四敞，一覽無餘。」唐的戒慎恐懼寫在臉上，還表現在這些微細的動作上，終於引起殷的「納悶」，也開始觀察唐，也發現氣味不對，也懷疑他當了「幹部」，而且是那種「立了什麼功」—— 換句話說是告密，出賣別人 —— 因而升上去的幹部。於是殷「毛骨悚然了」，這時敘述者有一段畫龍點睛的評論：

　　　　「戒備」是一種類似測量天氣變化的濕度表，霧淞或雨滴或雪霰一出現，怎麼也不能把不斷上昇的水銀紅柱壓下

去。殷此刻心情，用本地一句土話形容，幾乎有點「汗毛淋淋」了。又一次他聽見紫金山牌鬧鐘滴答聲。「這個時候，」他居然還自設陷阱，真是件不可思議的事。憑什麼呢？那份歷史瓜葛？不管這根藤牽得多遠、多深，可是他們中間到底屹立了一座山：十年！而牆門外不太遠的街上，正響著大鑼大鼓。「啊，這兩年！」他想用一句話，一個字，推倒這座山峰，或者藉一根內在弦索做繩梯，翻山越嶺，未免太天真點。或者，憑十幾年前的情感火炬，把街頭鑼鼓聲所鼓蕩起來的一種新「人性」一把火燒光，那也未免太愚蠢，不識時務。[22]

　　在某種程度上，這也是殷的內心獨白，所以這一段也如我前面說過的一樣，是另一段「雙聲話語」。殷的疑惑加重了，終於「忽然感到無話可說」。隔壁女人的吼聲又響起來，唐越發「神色不安」，他懷疑殷是「造反派」，殷吞吞吐吐的回答使他的懷疑得到證實，而唐「斬釘截鐵」地說自己不是，於是殷再一次「感到無話可說」。這時又偏偏出現一個「白衣白帽的戶籍警」，且與鄰居女人似有瓜葛，「若要人不知，除非己莫為，做的什麼好事」，這個女人的吼聲終於促進唐下定決心，連飯也不吃，就向殷告辭。直到這個時候，唐才多講了幾句話，態度顯得輕鬆起來。[23]

　　以上是文本中殷唐二人互動的大概過程，我們不能不佩服作者把這個過程寫得如此之詭譎，又如此之合理；但又如此之不合常情，因而如此之恐怖。作者的敘事技巧極為靈巧熟練，時而講

22　同8，頁103。
23　以上零星引文皆見〈契闊〉本文，載《一根鉛絲火鉤》，頁92-111。。

述（telling），時而展示（showing），時而評論；有時單聲，有時雙聲，有時多聲；角度亦常常變換。敘事者隨時關注故事的各個層次，各個細節：主角（殷唐）、配角（隔壁女人、戶籍警）；室內陳設，人物服飾[24]；動作、表情、對話、心理；等等，靈活穿插，滴水不漏。

六

最後，還特別值得一提的是〈契闊〉的結尾：

> 十二點二十分，唐的瘦小形姿並不出現於往上海去的任何車廂內，卻倚靠著湖濱一家大飯館的窗櫺，嚴肅眺望綠色湖水，等待要的酒菜。他在沈思。他大約已花了些時間考慮過（包括路上的時間），上午那個角色，他究竟該不該演？此刻，他凝視湖上美麗綠樹叢時，心海上已閃爍著一句答覆的「旗語」，——那是航海家們慣用的，它只有一個字……「該！」
>
> 他嘆了口氣，不管怎樣，他總算已逃出一場噩夢——即使僅僅是一場可能的噩夢，或假設的噩夢，或似是而非的噩夢。[25]

這是一個很簡潔、很含蓄、又很有力的結尾。它不僅交代了主人公唐的去向，使故事讀起來顯得完整，更重要的是寫出了唐

---

24 這裏要順便提到作者的一個失誤。文中反復強調殷唐穿的都是藍灰色列寧裝、戴列寧帽，其實大陸文革中流行的是草綠色的解放軍服、軍帽，初期還特別流行土黃色的老 8 路服、紅軍帽，尤其是紅衛兵，最喜歡穿這樣的服裝；至於一般幹部，則多穿藍色或灰色的毛裝——一種改良的中山裝。列寧裝是大陸 50 年代流行的服務。

25 同 24，頁 111。

逃離「現場」之後的驚魂甫定，餘悸與慶幸交織的複雜心情，有了這一筆，唐先前的疑懼才顯得更其沉重與真實，而不只是神經病。但是，唐所謂的「噩夢」究竟是什麼，敘事者沒有說，而在破折號後補上「即使僅僅是一場可能的噩夢，或假設的噩夢，或似是而非的噩夢」。「可能」、「假設」、「似是而非」三個形容詞可圈可點，它暗示唐大概是經歷了多次劫難的驚弓之鳥，同時也彰顯了整個社會的風聲鶴唳。

可惜無名氏後期的短篇小說結尾如此漂亮的不多，倒是有好些篇的結尾存在嚴重的瑕疵。例如〈幽靈碎片〉寫一個頑皮的小孩黑子把麻雀放在祖母的骨灰盒裏，害得他爸媽以為是老娘顯靈，連忙磕頭懺悔不迭。這是一個很好的諷刺小說，快結尾的時候敘事者說：

> 「刷」的一聲，一隻麻雀衝出來，翩然直飛黑子房裏，拖
> 著一團細麻繩。這房間的一扇門正開著，通向院子，雀兒
> 迅捷飛入院落，剎那間，無影無蹤了。[26]

本來整篇小說收在這裏就很好，含蓄有味，令人失笑。不料作者在後面加上一小段。

> 張師傅大吼一聲，衝往鄰室，只聽見「嗶嗶卜卜」數聲，
> 像大年夜一串爆竹聲，震響在暈黃色燈光中。[27]

這就顯得多餘了。更不料作者竟還控制不住自己的筆，又加上一個「尾聲」。

尾　聲

---

26 同 24，頁 202。
27 同 24。

　　　那雀兒經黑子餵飽飲足，先還安然伏在骨灰盒內。待裏面
　　　一點氧氣快要吸光時，它就「造反」了。[28]

　　這就真是畫蛇添足了。

　　又如〈甲魚〉，寫一對乘客在擁擠的公共汽車上相遇，甲舉
起手中的甲魚，卻不幸咬住了乙的耳朵不放，只好同到醫院，由
醫生給甲魚打了一針麻醉劑才放開。甲回到家後，將甲魚燉湯給
妻兒吃，結果妻兒也被麻倒，又送去醫院急救。整個過程笑話百
出，語言也生動活潑，是個不錯的幽默小品。可惜作者寫完這個
故事又在後面加了一段〈尾聲〉，大意是說甲的母親後來病死（與
甲魚無關），骨灰盒放在家裏，兒子不知情，以是炒米粉，竟然把
奶奶的骨灰給吃了。這個「尾聲」同前面的故事可說毫無連繫，
令人猜不透作者命意何在，實在也只能說是蛇足。

　　再如〈一根鉛絲火鈎〉，寫袁老太太不會生新式火爐，仍沿
用舊時習慣，不斷用鉛絲火鈎去鈎爐灰，其結果是爐火愈鈎愈不
旺。老太太固執己見，兒子多方譬解無用，所以袁家的火爐永遠
生不好。語言生動活潑，鋪寫酣暢淋漓，雖不免小題大作，但細
心的讀者讀完之後自不難悟出作者的弦外之音，是要諷刺毛澤東
治國亦如袁老太生爐子，不停地搞階級鬥爭，一個運動接一個運
動，把國家弄得元氣大傷。「鉛絲火鈎」即階段鬥爭、即運動之形
象化。這是一個不錯的寓言小說，但這言外之意要靠讀者自己去
領會才有意思，作者頂多只能略加暗示。但是我們在小說結尾時
讀到這樣的一段話：

────────────

28　同24。

中南海那位天字第一號魔術師及其助手，選用類似這根鉛絲火鉤的無上權杖，像袁老太對付「藍美人」一樣，對付這個殘缺了的秋海棠葉形的國家，究竟要對付多久，才能真叫生命火焰上軌道。[29]

這就未免太直露也太無趣了。

作者好像擔心讀者不能領會小說的主旨與作意，除了這種在結尾時點明之外，也每每在「附記」或「注釋」中解說。例如〈甲魚〉除了上文提到的那個不相干的「尾聲」外，尚有一段「作者附記」，明確指出，「通篇主旨」是「企圖反映大陸的城市交通實況及農村飢饉」[30]。又如〈花的恐怖〉之後有「1981年附記」與「1987年補記」，前者說：「1958－64年，由於我愛花、買花，一度成為人們歧視我、敵視我的原因之一。想不到僅僅因為供養了一盆瓜葉菊，就等於暴露了我從未正式暴露的靈魂秘密。64年寫此文時，〈花的恐怖〉暫時消歇了，但我仍心有餘悸，不敢信手直書，只能彎彎折折，半吞半吐，以曲筆涵蓄的略略記下我的感覺。初讀之下，這種感覺，怕不會被許多人理解，但思想敏銳的讀者，很快的，會舉一反三，洞透我當時的心情的。」[31]後者說：「由於文化大革命期間，紅衛兵瘋狂批鬥杭州西山公園的花草樹林，更由於此一短篇小說頗獲好評，我決定略加補充它的一些真相，以及若干真實背景，此便進一步凸顯內涵。但我要申明，文革期之猛烈鬥爭花草樹木，此一小說只簡略提了一點，並未詳述，那需

29　同 24，頁 50。
30　同 24，頁 89。
31　《花與化石》，頁 63。

要另寫一篇小說。」[32]應當指出，這些附記、補記之類的東西，作者在當時或許有不得不寫的苦衷，因爲是發表在台灣報刊，而台灣讀者那時對大陸社會的瞭解還相當有限。如果眞是如此，那麼，至少在結集出版時應當刪去，否則「思想敏銳的讀者」讀了是會倒胃口的。因爲作品一旦誕生，就是一個客觀存在，詮釋的權利是屬於讀者的，無需作者越廚代庖。而且，作品是一個開放性結構，或如接受美學家伊瑟爾（Walfgang Iser, 1926 ── ）所說的「召喚結構」，它召喚讀者的合作，來塡補它的「空白」（blanks），確定它的「未定性」（indeterminacy），不僅詮釋，而且再創造它的意義。所以，在這裏，仁者見仁，智者見智，深者見深，淺者見淺，乃是作品的必然宿命，也是讀者應有的權利。魯迅論《紅樓夢》，說：「誰是作者和續者姑且勿論，單是命意，就因讀者的眼光而有種種：經學家看見《易》，道學家看見淫，才子看見纏綿，革命家看見排滿，流言家看見宮闈秘事……。」[33]這是無可如何的事。更重要的是，這並不是一件壞事，一部越好的作品，它的詮釋就越可能紛紜多方，這裏有一條重要的美學原則，就是：「形象大於思想。」任何一個單一的詮釋都不能也不應窮盡一件藝術品的內蘊。一篇小說，寫出來，作者的任務就完成了，如何詮釋是讀者（尤其是專業的批評家）的事，即使與作者的本意相去甚多也無妨，所謂「作者之用心未必然，而讀者之用心何必不然。」（譚獻《復堂祠錄序》）作者自己在篇末明確說明主旨或作意不僅

---

32 同 31，頁 64。

33 見《集外集拾遺補編·〈絳洞花主〉小引》，《魯迅全集》第 8 卷，北京，人民文學出版社，1987，頁 145。

使作品直露無餘味，也低估了讀者的鑑賞能力，限制了讀者的解讀空間，縮減了作品可能的蘊含，實在是犯了美學上的大忌。

七

綜觀無名氏後期的短篇小說，〈契闊〉無疑是最好的一篇。它對人性及其在特定時期特定社會的扭曲有敏銳的觀察和準確而藝術的呈現，結構緊湊完整，情節推衍細膩自然，敘事技巧圓熟多變，語言活潑而沉著。〈契闊〉代表了無名氏在短篇小說創作上獲致的最高成就。

其次是〈幽靈碎片〉與〈一根鉛絲火鈎〉，也都是可讀性頗高的小說，只是各有一些瑕疵，前面已經提到。〈幽靈碎片〉中張師傅和他老婆在老娘骨灰盒前的兩段「交代」是最有戲劇性也最具諷刺力的部分，熟悉大陸社會流行的「自我批評」與「坦白交代」的讀者應最能體味其中的妙趣。可惜作者沒有把這個部分寫得足夠地好，應當可以寫得更有戲劇性，更妙趣橫生，兩人的「交代」也應當盡量不重疊、不類似才好。〈一根鉛絲火鈎〉語言鋪張流利，描寫細緻入微，但若不作寓言看，則未免小題大作，顯得囉嗦，而作寓言又不易讓讀者靈犀相通，結果作者只好自己出面挑明，又變得直露無趣，上文已經說過了。〈甲魚〉作幽默小品是好讀的，只是意義不大。

至於發表時頗獲好評的〈花的恐怖〉、〈一杯水〉、〈化石〉等篇，評者的掌聲大概多半來自對它們社會批判意義的肯定，我以為在藝術上這幾篇也都各有其不足之處。〈花的恐怖〉讀起來總覺得有點做作，篇末題 1964 年作，文中又講到「八年後的文化大革

命」，顯然是後來加進去的，顯得粗疏，自亂章法。語言值得再推敲的地方也不少，「偶聞我的思想秘辛」[34]。」，「這僅是『票面』式的沉思」[35]、「本想一進門，就細細品鑑這盆花的美麗，結果適得其反」[36]、「自製了點人肥」[37]，都是很粗糙或不準確的措辭。〈一杯水〉則有點誇張過分，語言也缺乏節制，而且把老太太的垂死求救描寫成伺機向鄰居進攻的樣子，連求救聲都比成「手榴彈」，也是很奇怪的。〈化石〉是一曲人倫悲劇，本應動人心弦，但雅玲前面的絕情和後面的傾訴反差過大，讀起來總覺得未免矯情。〈化石〉在語言方面的毛病尤其大，作者用言情通俗小說的語言來寫這樣一個沉痛的故事，令人覺得不是味道。有些句子，如「我的臉輕偎她的龐兒」、「她輕搖纖纖食指」、「我輕擁她入懷，唇瓣膠貼她的紅菱」、「酣遊茵草櫻叢，喁語碧柳烟沉，似醉的湖山如酒，我們怎忍不舉杯」[38]，不僅稚嫩，還十分酸腐。後部雅玲的長篇哭訴（六大段），用語也過於濫情，用來寫時髦的愛情戲劇或許還可以，用在小說裏，讀者一聯想到現實，就不免有滑稽之感了。

　　在無名氏後期小說中有一篇似乎不大為人提起，其實很有點意思的短篇：〈一型〉。這篇小說寫一個出身不好（非勞動人民家庭出身）的青年，參加革命，入了黨，在空軍某部當了一個後勤站站長。為了表示自己立場堅定，與家庭劃清界線，多年不回家探親，連家信也很少寫。好不容易回家一趟，卻幾乎像個啞巴，

34　《花與化石》，頁 39。
35　同 34，頁 43。
36　同 34，頁 53。
37　同 34，頁 56。
38　同 34，頁 169-170

不跟家人與鄰居講話。但這個青年最終還是未能保住自己的革命地位，在一次運動中受到鬥爭，從軍隊調到地方，成爲一個普通職員了。沒有在大陸社會生活過的人恐怕難想像這種事，但這卻是非常眞實、非常典型的。〈一型〉可以與〈契闊〉同讀，二文題旨近似，可惜〈一型〉的故事性太弱，語言也嫌直露，故遠不如〈契闊〉耐讀。

無名氏後期其餘五篇小說，〈上橋〉、〈窗紗〉、〈鴨舌帽〉其實是雜文，〈灼〉、〈拈花〉只能算素材，要成爲有意義、有趣味的小說還得經過一番醞釀、再製，這裏就不具論了。

附　記

昨晚十時才寫畢此文，今晨即從尉天驄兄處得知無名氏去世噩耗，去世時間是今凌晨零時。此文一開頭即云古今文人有幸有不幸，而無名氏兼之，并慶幸他以 85 高齡能親自與會，可謂功德圓滿，宜浮一大白。哪料此話竟說得太早，命運之弄人如此，實堪浩嘆！現將全文重讀一過，決定一字不改，以存眞面，並以此敬奠於卜老靈前。

2002 年 10 月 10 日

附錄二

論葉聖陶的短篇小說

引　言

從胡適 1917 年 1 月在《新青年》雜誌上發表《文學改良芻議》算起，中國的新文學運動到現在已經整整七十個年頭了。用白話文寫作今天已被所有的人視爲天經地義。除了專攻文學者，恐怕已經沒有多少人知道六、七十年前中國文壇曾經經歷了一場轟轟烈烈的革命。當時馳騁文壇、衝鋒陷陣的驍將們幾乎全已作古，只有一位葉聖陶先生，以九十三歲的高齡碩果僅存，給人以「魯殿靈光、巋然獨在」之感。

葉聖陶，本名紹鈞，聖陶是他的字。江蘇蘇州人；1894 年生，1911 年中學畢業後在家鄉做了十年的小學教師。在教書的同時他也致力於文學的研究。雖然早在 1914 年他便開始在《禮拜六》上發表一些文言小說，但是從新文學的角度來看，他眞正的文學生涯開始於 1919 年，該年二月他在《新潮》上發表了他的第一篇成功的白話小說《一生》。[1]1920 年 11 月，他和周作人、沈雁冰、

---

[1] 葉聖陶的第一篇白話小說爲《春宴瑣譚》，發表在 1918 年 2、3 月號的《婦女雜誌》上。參看：陳遼著《葉聖陶評傳》第三十四頁（天津百花文藝出版社，1981）。

鄭振鐸、郭紹虞、朱希祖、瞿世英、蔣百里、孫伏園、耿濟之、王統照、許地山等十二人發起成立了文學研究會。此後他的創作便進入了一個蓬蓬勃勃的新階段。

從 1919 年到 1928 年，可說是葉聖陶創作力最旺盛的十年。收集在《隔膜》、《火災》、《線下》、《城中》、《未厭集》等五個集子中的七十篇短篇小說、一部長篇小說《倪煥之》和童話集《稻草人》、散文集《劍鞘》（與俞平伯合著）都作於此一時期。這大約佔了他全部文學創作的百分之八十。在他這一時期的文學創作中，短篇小說又顯然佔著最主要的地位，其成就也在其他類型的作品之上。因此，本文即擬以這十年為主，對他的短篇小說，從主題和技巧兩方面作一個簡略的探討，而將討論的重點放在它們的發展線索上。

第一部份：主題及其發展

一、對新思想的禮讚

從 1919 年到 1928 年，即從「五四」運動到北伐勝利的十年，無論在中國近代革命史上，或者在新文化運動史上，都是極其重要的一章。這十年是革命意識迅速深入到民眾各階層，人民普遍而迅速覺醒的十年。「五四」以前，雖然發生了以推翻帝制、肇造民國為標誌的、具有劃時代意義的辛亥革命，但在普遍的民眾意識上，中國似乎並沒有經歷什麼翻天覆地的大變動；民國之代替滿清，似乎同歷來的改朝換代沒有多少差別。中國民眾的真正開

始覺醒是在「五四」以後。「五四」運動像一聲號炮使民眾、首先使知識份子睜開了眼睛，看到了世界的情勢和中國的情勢。大家開始覺悟到，中國再不能按照老樣子維持下去了，中國必須有一個徹底的大變革。於是，以青年知識份子為先鋒，一場批判舊文化、舊禮教、舊傳統，要求代之以新文化、新思想、新作風的運動，或者說得本質一點，就是一場批判舊的中國，建設新的中國的運動轟轟烈烈地開展起來了。在年輕的富有革命朝氣而又攜手合作的國共兩黨的積極推動下，經過 1922 年的省港海員大罷工、1923 年的京漢鐵路工人大罷工、1925 年上的「五‧卅」慘案，到 1927 年的北伐戰爭，這個運動從知識份子擴展到全國各個階層，形成了一個波瀾壯闊的、空前深刻的全國性風暴。

但那時侯，舊的勢力仍然很強大，新的勢力要登台，舊的勢力卻不肯輕易退出。所以，在革命和革命思想進展的同時，我們也看到反動派和陳腐思想的頑強抵抗和伺機復辟。一方面是新的、覺醒的、要求變革的中國，一方面是舊的、落後的、渾渾噩噩的中國；兩個中國的矛盾和鬥爭體現在各個地方、各個階層、各個方面，甚至也體現在同一個家庭裏，同一個人身上。這就是那個時代的中國，一個新舊搏鬥，方死方生的中國。

葉聖陶正是這個時代的一名寫生能手，他的七十個短篇小說正是那個新舊搏鬥，方死方生的中國的七十幅剪影。大體上說。新與舊以及它們之間的矛盾和鬥爭是這些小說的共同主題，或者說是它們的主旋律。

同時，在這個共同的主旋律下，這些小說的主題又明顯地呈現出階段性的發展。葉聖陶的早期作品，例如《隔膜》和《火災》

二集中的作品，主要是對新思想的禮讚。

　　科學、民主、自由、平等、博愛是五四時代從西方傳入中國的新思想，那時的先進青年都如醉如狂，滿腔激情地追求這些新思想，在自己的生活中實踐這些新思想，也在周圍的世界裏體驗和推行這些新思想。讀葉聖陶早期的短篇小說，深深感到他正是這批先進青年中的一員。

　　婦女和兒童在舊禮教、舊文化中向來是沒有地位的，作為一個新思想的信奉者，葉聖陶用自己的小說鼓吹他們應當有自己的權利和生活，有自己獨立的人格，他們不應當是男人、父母、成人的附屬品。把這種思想表達得最鮮明的是《兩封回信》（1920）和《啼聲》（1922）。前者借一個女子對情人求婚的回答，明白地說出女子不是「籠子裏的畫眉、花盆裏的蕙蘭」，也不是「超人」，她「只是和一切人類平等的一個『人』。」[2]後者借一個女嬰的口吻，表示對父母忽視兒童獨立人格的強烈抗議。在《一生》中，作者雖沒有正面提出自己的主張，但對把一個女子變成「簡單的一個動物」「一條牛」的舊禮教卻在字裏行間深深地表露了他的憤怒和悲哀。此外，像《遺腹子》（1926）和《小妹妹》（1927）寫傳統的重男輕女思想所產生的悲劇；《義兒》（1921）和《風潮》（1921）寫不尊重兒童的獨立人格所帶來的不幸，也都是同一思想的發揮。

　　在博愛思想的影響下，早期的葉聖陶真誠地相信愛是人類最需要的東西，愛能夠使我們這個不美好的世界變得美好起來。在他早期的作品中，有許多以描寫人與人之間的愛、人對愛的渴求、

2　《葉聖陶文集》（一）1958 年北京人民文學出版社出版，第 8、9 頁。

缺乏愛的苦悶爲主題的小說。例如《母》（1920）、《伊和他》（1920）、《萌芽》（1921）、《地動》（1921）、《小蜆的回家》（1922）寫母子之愛；《小病》（1921）、《雲翳》（1921）、《雙影》（1925）、《兩樣》（1922）寫夫妻之愛；《歸宿》（1923）、《孤獨》（1923）、《被忘卻的》（1922）、《春光不是她的了》（1924）則寫缺乏愛的苦悶和由之而來的變態。在這些作品中間，《萌芽》和《兩樣》寫到性愛和母愛的矛盾，《被忘卻的》寫同性戀，《春光不是她的了》接觸到新舊交替時期因婚姻觀念的變化而帶來的社會問題，這些，在中國文學的題材上都是新的開拓。作者相信人與人之間最需要的是愛，是心靈的交通，《綠衣》（1921）中的「我」等待信差的種種心情就是這種需要的反映。正因爲渴望心與心的交通，靈與靈的接觸，便看不慣舊傳統下普遍存在的人與人之間的冷淡、敷衍、缺乏愛與同情，在《隔膜》（1921）以及稍後的《游泳》（1923）、《晨》（1926）等篇的表面冷靜而客觀的寫實中，可以感到作者隱含在筆端的悲哀與憎厭。

在葉聖陶的早期作品中，最可貴的也是最值得我們注意的是他運用平等、自由、博愛的新思想、新眼光在文學中發掘出或說創造出，一系列最普通、一向被舊禮教、舊傳統因而也被舊文學所忽略的小人物及其內心世界。這一方面最突出的例子是《潛隱的愛》（1921）、《小菊》（1920）（一名《低能鬼》）、《阿鳳》（1921）。《潛隱的愛》寫一個孤獨的、蠢笨的鄉下婦女二奶奶用她全部的心與力，偷偷摸摸地、令人感動地去愛一個鄰人的孩子。這篇小

說曾爲顧頡剛先生和朱自清先生所稱讚[3]，認爲它表現了母愛的偉大。但是我以爲它的特別動人之處不僅僅在於理想主義地歌頌了愛的力量，而且在於它寫出了一個被人瞧不起的蠢笨醜陋的村婦同樣具有光明美好的內心世界，同樣具有偉大的自我犧牲的愛。《阿菊》寫一個出身貧苦、智能低下的孩子初進學校時所感受到的新鮮、溫暖和愛；《阿鳳》寫一個備受虐待的童養媳，當婆婆偶然不在身邊的時候，她也和別的小孩一樣，全身心體會著和體現著「愛」、「生趣」和「愉快」。像二奶奶、阿菊、阿鳳這樣微不足道的小人物出現在中國文學中，而且充滿人性的光輝，前此還不多見。

二、對舊勢力的刻畫

如果說，《隔膜》（1922）和《火災》（1923）二集多表現作者受「五四」運動影響而產生的新思想，小說中的人物也還帶有過多的理想色彩；那末，從《線下》（1925），特別是《線下》的下半集以後，葉聖陶的作品便漸趨冷靜，早期那種浪漫的理想主義逐漸爲客觀寫實的態度所代替，小說的材料也多取自社會各階層，而不再像《隔膜》和《火災》那樣多取材於個人和家庭的生活了。他小說中的人物，也開始以他們本來的如實的面貌出現，剔去了作者在早期常賦予人物的那種主觀的理想的成份，代之以他們固有的複雜性、矛盾性，因而人物的立體感加強了，可信度提高了，或者說，人物有了足夠的深度。即以前述的以描寫被舊傳統損害的小人物爲主題的作品而論，早期的常常可以看出濃厚

---

3 見顧頡剛「《火災》序」、朱自清《葉聖陶的短篇小說》。

的主觀的理想的色彩，作者寫的彷彿是「應該如此」，例如在阿鳳、阿菊、二奶奶等人物身上具有一種多少有點超乎他們的現實生活的光芒。雖然這一方面也值得肯定，但另一方面則難免削弱了作品的力量。《線下》以後，作者繼續寫了許多這一類型的作品，但對於作品的人物，作者不僅以同情的筆調寫出他們可悲的命運，同時也如實地寫出他們的卑瑣和愚昧、渺小的願望和悲哀。此時他寫的是「事實如此」。例如《金耳環》（1924）中的士兵席占魁、《潘先生在難中》（1924）的教師潘先生、《病夫》（1923）中的編輯薛振之、《前途》（1925）中的教師惠之、《外國旗》（1924）和《晨》（1926）中那一群渾渾噩噩的小市民便都是這樣具有現實深度的、給人以真實感、立體感的人物。這些作品因而也就顯得潑悍得多、有力得多了。

隨著作者視野的逐漸擴大，他的觀察力也逐漸加深。他看到了舊傳統、舊勢力之強大和頑固，並不是用浪漫的理想主義就可以輕易地擊退的。他深深感到有正視它們、剖析它們的必要。所以自《線下》以後，他的筆開始轉向對舊勢力的刻畫，而尤喜在新舊鬥爭之中描摹它們的嘴臉。

最顯明的例子是《城中》（1925）和《某城紀事》（1928）前者寫教育界，後者寫政治界。在《城中》這個短篇中，以丁雨生為代表的革新派，看不慣「慢步的老輩，傳下來慢步的小輩」，剛開始試辦一所新的學校，希望有所改革，立刻就招來了以高菊翁（老教師）、陸仲芳（縣視學）、王塤伯（縣教育局長）為代表的守舊派的猛烈反對。他們攻擊、誣蔑、散佈流言蜚語，罵革新派是「洪水猛獸」，說他們錢有來頭，「吃的搗亂的飯」等等，文末

寫丁雨生送走了高菊翁,「見這塊中樹承受日光,作葱綠色,感到青春的歡樂與事業的愉稅,便低頭一笑,牙齒嚙著下唇,心裏想:『假如聽了他的話,那就太可笑了!』」[4]這不僅是當時教育界新舊鬥爭的一個鏡頭,也可以說是那個時代整個中國新舊鬥爭的一幅縮影。

《某城紀事》則從另一側面來寫這種鬥爭,寫出它的錯綜複雜的形勢和不知鹿死誰手的前途。當革命轟轟烈烈地向前推進的時候,守舊派不敢再作正面抵抗,如《城中》高、陸、王等之所為,便改而採取「鑽心戰術」,像符悟空鑽到妖精肚子裏那樣鑽到革命隊伍中來,然後減掉革命的銳勢、磨掉革命的棱角,乃至暗中改變革命的方向,使革命不知不覺地變質。小說中的陳蓮軒父子就是這樣的角色。他們在革命高潮到來時偽裝革命,鑽進了革命黨。他們「隱居在黨部的房間裏」,窺伺時機。而一旦機會到來,他們立刻把「曾經列名上袁世凱的勸進表」、「平日靠省議員的舊頭銜,包攬詞訟,把持地方」的「十二分合格的土豪劣紳」周仲篪拉進黨來。他們做的第一件事便是反攻倒算,把業經沒收了的周仲篪的房子發還本人。革命的前途如何,革命派與反革命派究竟誰勝誰負,是一個懸而未決的問題。大概在作者的心目中,1927年的革命也同辛亥革命一樣,是一場表面成功而實際上變了質的革命。在差不多同時所寫的長篇小說《倪煥之》中作者通過蔣老虎父子的投機革命再一次表達了這個觀點。稍後所作的《某鎮紀事》(1929)也有同樣的主題。

此外,《夜》(1929)寫白色恐怖、革命者的被殺和他們的英

---

4 《葉聖陶文集》(二)第 51 頁。

勇不屈；《橋上》（1923）寫一個單獨行動的革命青年處死一個食人自肥的「富人」；《校長》（1923）寫一個想有所革新的校長終因性格軟弱而向腐朽勢力妥協；《抗爭》（1927）寫一群小學教員起而爲自己的待遇抗爭，但終因人心不齊而失敗；《搭班子》（1926）寫一個新上任的校長剛計劃有所革新，而舊勢力已逼人而來，等等，都可以說是從不同的角度描寫新舊之爭的作品。

三、新舊矛盾之糾纏

新舊之爭也會發生在同一個家庭。《祖母之心》（1922）中，以老祖母爲一方，以杜明輝夫婦爲另一方，在對待孩子治病問題、教養問題上所起的衝突，實質上是「五四」運動所宣揚的科學、民主的新精神同迷信、專制的舊思想的鬥爭。衝突的雙方都出自對孩子的愛，顯示了這場鬥爭的複雜性；杜氏夫婦不得不向老祖母退讓則顯示了這場鬥爭的艱巨性。其實，發生在這個家庭的故事，完全可以視爲當時中國發生的事變的一個象徵。在如何挽救與復興貧窮落後的中國這一個大問題上，革命派要從西方輸入科學民主、自由平等的新思想（包括馬克思的階級鬥爭思想，也是從西方輸入的）以改造舊中國，守舊派卻要恪守祖宗遺訓，主要是儒家思想以維持他們的統治。

新的矛盾也會體現在同一個人身上。《微波》（1926）裏的憶雲本是一個天眞爛漫、充滿男女平等、民主自由的新思想的一個女子，因爲一次偶然的醉後失身而不得不嫁給一個名叫自成的青年。從此以後，她的生活和性格都起了一個一百八十度的大轉變，她變得庸庸碌碌、膽小怕事，備受丈夫的虐待卻不敢反抗。在一

個偶然的機會裏，碰到了婚前的好友藻如，她向他傾訴了自己的
遭遇，藻如鼓勵她與自成離婚，開闢新的生活。她的心裏也湧起
一陣希望，但一回到家裏、想起孩子、母親和已經習慣的一切，
她的信心動搖了，勇氣沒有了。在憶雲這個人物身上，我們看到
那個時代許多意志不堅定的青年，尤其是女青年的影子。這些青
年在「五四」運動的風潮中受到新思想的薰陶，但新思想並沒有
在他們身上真正扎根，而因循的舊思想和周圍的習慣勢力很強
大；順利的時候，前者佔上風，表現為天真爛漫，甚至頗勇敢；
但橫逆一來，後者立即稱霸，悲劇的命運就產生了。長篇小說《倪
煥之》中的金佩璋婚前婚後判若兩人，也是同一道理，只是促使
變化的原因稍有不同罷了。

　　表現這一主題最明確的或許要算寫於三十年代的《英文教
授》。某大學英文教授董無垢是一個正直、正派並且有正義感的
人，在美國留過學，受過西方思想的薰陶。以後在「五・卅」運
動的推動下，他開始接受革命思想並參加了一些實際的革命工
作，顯得是一個先進的、積極的、有生氣的人。但不久國共分裂，
「四・一二」大屠殺嚇得他精神崩潰，從此轉向佛教去尋求心靈
的安慰，變成一個迷信、落後、對生活沒有興趣、對國家和民族
的命運漠不關心的活死人。這是新舊思想在同一個人身上鬥爭而
舊思想終於佔了上風的又一個例子。如果說作者對《微波》中的
憶雲還抱著同情的態度，那末他對董無垢則是無情的批判和辛辣
的諷刺：

　　　　他蜷伏在大學的一個角落裏像地板下的老鼠，人只見地

板，不知道底下躲著老鼠。[5]

　　新舊鬥爭，而舊勢力常常壓倒新勢力，表現了作者對中國革命前途的深深憂慮和他自己思想上的追索、徬徨；但作者激舊揚新的態度則是始終鮮明的。

第二部份：技巧及其發展

一、早期的稚嫩

　　葉聖陶沒有上過大學，是一個靠苦學成功的作家。他的作品在藝術技巧上的發展歷程充分顯示出他那刻苦揣摩，不斷前進的精神。

　　應該如實地指出，從藝術的角度看，他的第一部短篇小說集《隔膜》和第二部《火災》中的部份作品基本上是失敗的。這個時期的作者，對於如何寫小說，尤其用白話文寫現代小說，顯然還處在摸索的階段（事實上，那時的整個中國文壇對於新文學也都處在摸索的階段）。他的語言還很稚嫩，寫對話尤其笨拙；他對小說這種體裁還常常把握不定；在結構上也還不懂得如何精密地佈局，有時會出現離開主題的枝蔓。收集在這兩個集子中的部候小說：例如《兩封回信》、《伊和他》、《歡迎》、《母》、《恐怖的夜》、《隔膜》、《綠衣》、《小病》、《寒晚的琴歌》、《晚行》、《悲哀的重載》、《樂園》、《地動》、《小蜆的回家》、《啼聲》、《歸宿》等，與

5　《葉聖陶文集》（二）第 432 頁。

其說是小說，不如說更像散文、隨筆一類東西。不過這在中國新文學運動的早期是一種很普遍的現象，連魯迅先生的某些作品也未能免。這些作品常常是截取日常生活中的一節，用細緻平實的筆法寫下來，至於這一節是否適合作小說的材料，作者並來未多加考慮，作者對這截取的一節題材也還缺乏錘煉、熔鑄、改造的能力，因而結構常見鬆散，主題也不集中，缺乏動人的力量。這時的作者有足夠的能力處理一個單純的場面或簡單的情節，發掘出其中的詩意或諷刺意味，例如《伊和他》、《小病》、《地動》、《小蜆的回家》、《一生》、《一個朋友》等篇；但碰上較多的人，較複雜的場面和情節時就使人覺得他有點力不從心了。這從《母》的單薄、呆板；《恐怖的夜》的冗長、枝蔓；《晚行》的平泛無力；《悲哀的重載》的支離破碎，可以明白地看出。

讓我們舉《恐怖的夜》為例。

這篇小說意在寫軍閥混戰時老百姓所受的苦難，而以那天晚上「我」等待弟弟到來時的焦慮心情來表達這種苦難。但作者依次舖敘「我」在暗夜裏等待時的情景和心情實在顯得太冗長太沉悶，下面摘引的幾段還可以看出語言上的稚嫩和笨拙：

> 「我弟的船此刻在那裏了？進了港麼？還在江中麼？……今天也許不來吧？沒有來得及搭火車罷？……這不見得會罷？」循環不歇地佔據我的腦，無非是這些懸猜、疑慮、自慰的念頭。
>
> 「我回進去坐坐吧，他還有一刻才到呢。……不，他的船也許因舟人的努力或是水勢的順流，再搖一兩櫓，就到對面的水埠了。我待聽得下篙的聲音，便走下水埠，喊一聲

『弟弟』，這是何等的快慰。我怎肯拋棄這個快慰的機會呢！我必須在這裏等他。」我這樣想，就依舊站著。

這時候的感覺和情緒不是事後內省可以記錄的，還是留下幾分之一的空頁罷。但是，我也可以粗略地說一說：我從怨憤地詛咒那烏雲和電光，你們為甚麼驕我、傲我、欺弄我！這時我不復感覺什麼寂寞和孤獨的悶鬱，我只是恐怖，但還雜著憐憫的心。我已忘了站在什麼地方，和站在那裏做什麼了。[6]

中間還有一段關於聯想如同蔓草的描寫與議論，更是與主題毫無關係，完全是一種筆墨的浪費。

二、《火災》集的進步

葉聖陶的第二個集子《火災》比起第一個集子《隔膜》來有了明顯的進步。集中的《飯》、《義兒》、《祖母的心》都是有相當深度的小說。《被忘卻的》、《雲翳》、《兩樣》也不錯。

《火災》給人最突出的印象是作者熔鑄題材的能力加強了。這表現在兩個方面：一是大多數作品有了完整精密的結構，二是出現了性格鮮明的人物。

結構方面可以舉《飯》、《被忘卻的》、《兩樣》、《雲翳》為例。《飯》把整個故事壓縮在一堂課上，而吳先生的求職經過則安排在吳先生由外面趕回教室的路上以回憶的方式來補述。《被忘卻的》的故事發生在一個飄雪的黃昏，而田女士的婚變和由此帶來的苦悶也用回憶的方式敘出。《兩樣》以偉如催夫人出遊始，以二

---

6 《葉聖陶文集》（一）第 41 頁、42 頁、45 頁。

人匆匆回來終，婚後七、八年的變化、感覺全插到中間寫。這樣的佈局不僅使故事緊湊、完整，也使小說的筆墨經濟多了。《兩樣》的佈局別是一種。它開始引述孟青對夫妻關係的一番高調的議論，接著寫孟青作小說並全文引錄這一篇小說，而這篇小說的主題也正是夫妻關係；最後寫孟青怕因這篇小說的發表而引起妻子的猜疑，干脆把寫好的稿子燒掉了。孟青所作小說中的夫妻之間的關係同孟青對夫妻關係的議論和事實上孟青夫妻的關係，三者形成一個非常有趣而具有諷刺意味的映照。這個睛巧的結構設計顯示出作者藝術上的匠心。

《隔膜》中的各篇不僅結構上找不出這樣匠心獨運的例子，而且小說中的人物也很少給我們留下深刻的印象。在《隔膜》中作者注意的似乎只是寫事，而不是寫人。在《火災》中，作者開始注意寫人了。例如《飯》中的懦弱可憐、爲生活不得不低聲下氣的小學教員吳先生和趾高氣揚、偽善而卑劣的學務委員；《義兒》中喜愛繪畫、性格頑強的十二歲孩子義兒，一心要維護師道尊嚴的英文先生，疼愛兒子卻對兒子的教育束手無策的母親；《旅路的伴侶》中那個淪爲煙鬼賭棍但還保有善良人性的珠兒的父親；《被忘卻的》中因失去愛而導致性變態的田女士；《祖母的心》中那個疼愛孫子，但是思想頑固守舊的老祖母，都是給人印象頗深的形象。

結構的精密和人物形象的鮮明標誌著作者不再只是生活的觀察者和記錄者，而且是一個研究者和改鑄者了。

《火災》第二個明顯的進步是語言。《隔膜》中常常出現的筆調稚嫩、對話笨拙以及敘述、描寫時的冗長枝蔓的現象大大減少了。許多篇出現了很精彩的段落。我們從《飯》和《義兒》中

各引一段在下面：

小孩們聽了學務委員的問話，三四個齊聲嘈雜地回答道，「他買東西去，買豆腐、買葱，」有幾個在那裏匿笑。

「不成個樣子，這時候還不回來！」學務委員喃喃地自語。

停了一會，他又問道，「他天天這樣麼？」

「天天這樣，他要吃飯呢，」一個拖著大辮子的孩子說。

又一個孩子說，「我媽媽有時給他代買點東西。」

「不要信他，不過……」

一個耳戴銀圈意氣很粗的孩子還沒有說完，吳先生已趕了進來，兩手空著，他的東西大概已放在鍋灶旁邊了。他看見學務委員含怒的樣子站在黑板旁邊，簡直不明白自己應當怎樣才是，身體向左右搖了幾搖，拱手俯首地打招呼。學務委員點了一點頭，冷冷地說，「上課的時間早到了，你此刻才來！」

吳先生很想說出幾句適宜的話回答，可是那裏想得出，他的踧踖不寧的態度引得孩子吱吱地笑。遮飾是無望的了，只得顫抖而含糊地說老實話，「我去買東西，不料回來得遲了。」

「買東西！」學務委員的語音很高，「時刻到了，學生都坐在這裏了，卻等你買東西！」

「以後不買就是了，」吳先生不自主地這麼說。孩子們忽然大笑起來，指點著他互相低語道，「先生不吃東西了，先

生不吃東西了。」[7]

（以上《飯》）

義兒被喚醒了，還有幾株小樹沒畫上，他感覺不舒快，像睡眠未足的樣子。他知道不能再畫了，便將明信片畫幅顏色盒放入抽屜裏，順便檢出讀本來，慢慢地翻到將要誦習的一課。他並不看先生一眼，臉容緊張。現出懊喪的神態。這更增加了英文先生的怒意。「早已說過了，若是不願意，就不要勉強上我的課！你惱怒什麼？難道我錯怪了你？上課不拿出課本來，是不是懶惰？因你而妨害同學的學習，是不是搗亂？我錯怪了你麼？」

「是的，沒有錯怪，」義兒隨口地說，卻含有冷峻的意味，「現在課本已拿出來了，請教下去罷，時間去得快呢。」同學們不料義兒有這樣英雄的氣概，聽著就大表同情，齊發出勝利的笑來。剛才的靜默的反響就是此刻的騷動了，室內不僅是笑聲，許多的是在地板上移動的聲音，桌椅被震搖而發出咭咭格格的聲音，英文先生把書扔在桌上並且擊桌的聲音，混成一片。[8]

（以上《義兒》）

這兩段文字簡煉而生動。最值得注意的是作者在敘述和描寫中非常準確地把握了人物的不同身份和全篇的統一基調。兩篇小說都帶有一種嘲諷性的詼諧，而前者在幼稚無知的氣氛中隱含著深深的悲劇意味，後者則在悲劇中帶有喜劇性的色彩。

---

7 《葉聖陶文集》（一）第 136-137 頁。
8 《葉聖陶文集》（一）第 145-146 頁。

三、後期的成熟

但《火災》中的語言還沒有完全擺脫稚嫩的痕迹，即是上引幾段也還不能說已到達爐火純青的地步。葉聖陶短篇小說的技巧要到《線下》集（1925）的下半才完全成熟。《線下》中的大多數作品都達到或超越了《火災》中佳篇的水平。以後的《城中》、《未厭集》、《四三集》則保持了與《線下》大致相同的水準。其中《孤獨》、《金耳環》、《潘先生在難中》、《外國旗》（以上見《線下》）、《晨》（見《城中》）、《某城紀事》（見《未厭集》）、《李太太的頭髮》（作於 1928，未入集）、《秋》（作於 1932，未入集）、《多收了三五斗》（見《四三集》）等篇都堪稱葉集中的傑作。這些小說大多有下面這些優點：故事緊湊、主題集中；人物形象鮮明、性格統一而帶有立體感，尤以細緻準確的心理描寫見長；語言自然、洗煉，精彩處常見；結構佈局相當講究，開頭結尾處尤見匠心。

茅盾曾稱許《潘先生在難中》一文「把城市小資產階級的沒有社會意識、卑謙的利己主義、precaution，臨虛驚而失色，暫苟安而又喜等等心理，描寫得很透徹。」[9]如果說在《火災》中，作者已開始注意人物的刻畫，那末從《線下》開始，他已充份意識到小說的基本任務在於塑造帶有典型意義的人物，而把創作的重點放在人物性格的雕塑上了，不僅《潘先生在難中》如此，上面提到的那幾篇莫不如此。《金耳環》中那個雖然帶有一點流氓氣而仍然老實、並且愚昧可憐、被人當作炮灰的士兵席占魁；《外國旗》中老實而膽小自私、懷著僥倖心理而終於未能幸免的壽泉夫妻；

_____

9 見《小說月報》19 卷 1 號。

《某城紀事》中狡猾老練、投機革命的陳蓮軒；《李太太的頭髮》中惶恐失據、患得患失的小學校長李太太；《秋》中以產科醫生為職業、嘗盡謀生辛苦、緬懷逝去的往昔的那個獨身女子；《孤獨》中淒涼慘淡、被熱鬧光明的世界遺棄的老頭子以及《晨》中那一群渾渾噩噩、幸災樂禍的小鎮市民，都是形象鮮明、性格真實而具有代表性的人物。作者冷靜、客觀的寫實態度、略帶詼諧的嘲諷筆調和隱藏在這種態度與筆調背後的對社會和人的命運的熱切關是作者真實而感人地塑造出這些典型人物的基本原因，而細緻深刻的心理描寫則是作者在刻畫這些人物時常用的技巧。

從葉聖陶的早期作品如《疑》、《潛隱的愛》、《一課》中已可以看出他在心理觀察和心理描寫上具有特別的能力，後來這種能力得到了進一步的發展。在《孤獨》、《潘先生在難中》、《李太太的頭髮》、《秋》等篇中我們可以看到作者在這方面所表現的獨到技巧和高度造詣。非常有趣的是，愈是與作者本人極不相像的人物，作者愈能準襄地把握他們的心理，寫得深入細緻而令人信服。

試看《李太太的頭髮》中的一段：

　　一天早晨，孩子的笑臉似的陽光瀉進她的校長室，嬉春的小鳥在窗外樹上百媚千嬌地叫，她都毫不關心，只皺著眉頭想她的心事，想這心事有兩三天了，不僅是白天，夜眠的時候也大半消磨在這上邊。內容很簡單，國民革民軍來到這地方了，女學生固然紛紛剪髮，尋常婦女學時髻剪掉髮髻的也不少，而她，擔任女子初中校長的她，一向是愛重頭髮的，到底剪還是不剪？

　　不知道是怎麼的，她的心裏忽然開了條光明的新路，她想：

辛亥那年排滿革命，結果是男人剪頭髮，這一回國民革命，當然輪到女人剪頭髮了。這是非常公平的，而且也十分切要；把叢叢的滿頭的東西嘎嗒一剪刀，至少可以表示這個人有點兒革命的氣息。她又想自己是學校的校長，不比普通人，而且是女子初中的校長，應該給女學生作個榜樣。假如捨不得頭髮，說不定人家就會說她反對剪髮。反對剪髮不就是反革命麼？於是校長的位置……於是……

既然這樣想，似乎就可以決定下來了。但是她寫過一回通告，中間有這樣的語句：「女子剪髮，成何體統！凡欲在本校求學者，一律不准剪髮。」就是附屬小學的低年級生，頭髮披散，只齊到脖子，像合和仙似的，她也要她們把頭髮留長，編成辮兒，如果能梳通行的 S 髻尤好。—— 不過這是去年的事了。

「我也剪了，要讓人家說笑麼？」她審慎地問自己。

「不，不礙事。去年不通行，所以不准她們剪；現在通行了，所以自己也得剪。『彼一時，此一時』書上所說就是這個意思。」她猶如一個機警的律師，立刻給自己辯護。

於是她舉起橢圓形的手照鏡，薄薄的一頭頭髮，幾乎要露出頭皮；帶點兒灰白色，像慣睡在灶肚裏的懶白貓的毛。用手去摸掛在腦後的髮髻，瘋瘋的、鬆鬆的，不成個東西。她開始嫌厭她的頭髮了；她覺得三十多年來愛重的是另外一頭頭髮，像現在這樣粘著在頭上的可厭東西，除了剪掉

　　簡直沒有辦法[10]

　　這一段妙文寫李太太患得患失，極力爲自己前後矛盾的行爲找借口（rationalize）的曲折心理，淋漓盡致，令人不能不佩服作者想之豐富和細密。

四、洗煉的語言

　　作者對人物觀察的細緻和把握的準確常與洗煉、生動的語言同時出現。例如《晨》中寫裁縫財源的妻子財源嫂出走後小鎮上人們的反應就是極佳的例子。作者這樣寫帶流氓味、對男女色情很感興趣的木匠阿榮：

> 木匠阿榮彷彿覺得心頭一鬆，輸去「兩隻羊」的事情幾乎不在話下了。——她果真做出來了；看她那樣子，也不像個清水貨！無非是僞正經；看看她，她眼睛看鼻子，引引她，她不給個回音，無非是僞正經。只不知道是那一個短命小子把她釣走了。哈，你細眼削臉的小裁縫，你是個烏龜，永世不得翻身的烏龜了！阿榮想得有趣，不禁喊道，「喂！人已經逃了，還不爬下來追去，難道等她自己回來麼？」
> ……
> ……阿榮卻靈機忽動，走前一步，豎起了大拇指叩板門，「喂，朋友，出來呀！趕到東柵頭去看呀！倘若輪船還沒到，就把他們一把擒住！」他這樣說，英雄結密扣短袄嵌

10　《葉聖陶文集》（三）第 1-3 頁。

花靴的武松的小影浮在眼前了。一把擒住了以後，當然是
兩個無恥的狗男女脫得赤條條，一顛一倒捆著，由弟兄們
抬著遊遍全鎮。[11]

這裏只寥寥幾筆就把一個小鎮癟三的形象活靈活現地勾畫
了出來。無論是他的內心獨白或是說出口來的話，都活脫脫地是
一副幸災樂禍的流氓聲口。而且一筆不多，筆筆有分寸，筆筆傳
神。尤其是末尾那個阿榮心中的色情意象，直令讀者拍案叫絕。

再看看作者怎樣寫有鄉董派頭，念念不忘咒罵新事物的頑固
派趙大爺：

「這又是輪船害人！」前幾年鎮上紳商主張通輪船的時
候，一部份紳商出來反對，趙大爺是反對派中的激烈份子，
甚至罵列名為發起人的學務委員「你是豬！豬！」但是發
起人募足股本，輪船的回聲在東柵頭響起來的時候，反對
派也就不再開口。趙大爺只巴望反對派大眾一心，死也不
踏上輪船；那輪船呢，撞到河底的石頭穿幾個大窟窿，也
讓愛趁輪船的人嘗嘗滋味。可是反對派的節操不很可靠，
居然有買了煙篷票坐房艙的了；船身也終於沒有給河底的
石頭撞破：這在趙大爺是不可說的懊喪，一想起時，就覺
得不平，就覺得自己一點也不享福。除了隨時發泄之外，
一方面自為寬慰，「讓他們趁輪船，我總趁航船，」雖然他
本來不預備到別處去。現在聽說女人逃了，念頭走熟路，
立刻就想到輪船。「你們看近幾年來，小姑娘嘻嘻哈哈在街

---

11 《葉聖陶文集》（二）第 73 頁。

上亂跑，知道她們幹些什麼。十六七歲在娘家的女孩子，已經突起了肚皮。無非是輪船害人！本來不便，不便就很好，要它便幹什麼！他們不相信，一定要行輪船，以為這才到上海去方便。好，到上海去固然方便了，上海東西來也很方便，香煙來了，洋布來了，軋姘頭來了，什麼東西都來了！女娘們同男人家吵嘴，動不動就說要到上海去，什麼話！可是有嗚嗚叫著的輪船替她們抱腰，讓她們說來挺硬。這裁縫的女眷，一定又是趁早班輪船走的。」[12]

這裏趙大爺的遺老味、假道學都可謂呼之欲出。尤其是「覺得一點兒也不享福」，「讓他們趁輪船，我總趁航船」，「本來不便，不便就很好，要它便幹什麼！」，「香煙來了，洋布來了，軋姘頭來了，什麼東西都來了！」數句極其精彩，刻畫一個作威作福、蠻橫不講理，見新事就反的土財主的頑固、愚蠢真是入木三分，令人如聞其聲，如見其人。

作者早期作品（如《隔膜》全部和《火災》一部份）的語言常常帶著太濃厚的書卷氣，有時給人一種沉悶之感；尤其寫人物對話時，往往呆板而缺乏個性。[13]但上引兩段中無論寫人物的語言或心理活動都生動潑辣，個性鮮明。由此可以看出作者在藝術上所付出的艱苦勞動和得到的巨大收穫。

即使是一般性的描寫和敘述，作者在語言上的進步也很明顯。試看《外國旗》開頭一段：

---

12 同上。

13 朱自清也說葉聖陶善於寫人物對話，見《葉聖陶的短篇小說》一文。民國十七年作，載《你我》。

雖然交了秋，天氣還不肯涼下來，一望間田稻都被炙得帶
著干焦的意味，一點沒有風。幾朵淡雲似乎系住在遠處的
樹頂上，動也不動。跨河的大環橋倒映在水裏，合成個圓
鏡的模樣，那鏡面空明透亮。[14]

比較《恐怖的夜》開頭一段：

天上沒有一點星，濃厚的烏雲一塊一塊地堆著，只有堆得
稀薄的地方漏些滯黯的光。顫動而疾馳的電光像馬鞭子似
地抽過，也彷彿有緊張而有力的聲音，一切景物都顯得光
明和晃動。但這不過是一閃的時間，鞭子過了，他們又歸
於黑暗和沉寂了。[15]

前者輕快，後者滯重；前者長短錯落；後者句式平板；前者
煞尾於一個短句：「那鏡面空明透亮」，「鏡面」頂住前句「明鏡」，
顯得緊湊而健爽，後者用一個長句煞尾：「他們又歸於黑暗和沉寂
了。」「他們」是多餘的，「了」又跟前句的「了」犯復，顯得拖
沓無力。前段中「還不肯」、「炙得」、「似乎系住在」、「合成個」
等詞都用得生動、貼切而不費力。總之，二者的高下是很容易區
別的。

五、精心的佈局

前面我們已經說過，葉聖陶第二個集子《火災》中的若干篇
小說的結構較《隔膜》各篇已有很大的進步；自《線下》集以後，
葉聖陶對於結構佈局更為注意，許多佳篇的結構可說已臻於化

14　《葉聖陶文集》（一）第 421 頁。
15　《葉聖陶文集》（一）第 41 頁。

境，尤其在如何選擇和運用線索、如何開頭、如何結尾等方面有許多經驗可供借鑑。

例如席占魁的故事是「金耳環」巧妙地聯綴起來的。「金耳環」跟人的生命相比，真可說微不足道，然而它卻佔據了席占魁的整個意念，從故事開頭的「一道耀眼的金光」，到席占魁死後，它還「在夕陽中閃耀著」，席占魁得到了他朝思暮想的小東西，卻丟了自己的性命，而況這個金耳環還是被誤當作金戒指來使用的呢，諷刺的意味更加深了悲劇的強度。因此，金耳環在這篇小說裏是、但不僅僅是聯綴故事的線索，它同時也是席占魁貧窮、愚昧、渺小、可憐的命運的象徵。

《馬鈴瓜》是另外一個例子。在應試所帶各件物品中，馬鈴瓜本是最無足輕重的，但「我」在參加考試的整個過程中，時時關心的只是馬鈴瓜，考試本身反倒顯得無足輕重了。因此馬鈴瓜在這裏不僅作為一個線索貫串著整個故事，也作為一個象徵暗示了那過時的科舉考試的荒唐無聊。

在《外國旗》、《李太太的頭髮》、《一包東西》、《「感同身受」》等篇中我們看到同一手法的運用。

葉聖陶的小說在結構上還特別重視開頭和結尾，往往有精心的安排。例如《某城紀事》，全篇開頭於一句突如其來的問話：「進去了麼？」結尾是陳蓮軒「默念等會兒要當眾背誦的『遺囑』。」這實在是一個絕妙的佈局。從拼命鑽進去到取得當眾背誦「遺囑」的地位 ── 背誦「遺囑」是會議主持人即領導者的專利 ── ，這正是陳蓮軒投機革命的勝利過程，同時也就是那次革命變質和失敗的過程。「（鑽）進去」正是全篇的主題。「進去了麼」一句話籠

罩全篇，同時也奠定了全篇那種詭譎氣氛：在轟轟烈烈的革命外表下，一些不可告人的活動正在悄悄地進行。陳蓮軒之默誦「遺囑」更是一個冷峭的諷刺，因爲孫中山遺囑的精華是「革命尚未成功，同志仍須努力」，而周仲篪、陳蓮軒之流恰恰是尚未成功的革命所要清除的對象，現在由他們來領誦這個遺囑，豈非笑話！

比較起來，也許我們可以說，葉聖陶更擅長收尾。他自己也頗滿意他某些小說的結尾，他曾在一篇論寫作的文章中舉出《遺腹子》和《風潮》兩篇爲例，說前者結得冷峭，有不盡之意，後者則終止在故事的高潮上。[16]我以爲他最拿手的還是前一類型，上段討論過的《某城紀事》就是很好的例子。比如《潘先生的難中》的結尾：

> 潘先生覺得這當兒很有點意味，接了筆便在墨盒裏蘸墨汁。想一下，提起筆來在蠟箋上一並排寫「功高岳牧」四個大字。第二張寫的是「威鎮東南」。又寫第三張，是「德隆恩溥」。──他寫到「溥」字，彷彿看見許多影片，拉夫，開炮，焚燒房屋，奸淫婦人，菜色的男女，腐爛的死屍，在眼前一閃。
>
> 旁邊看寫字的一個嘆說，「這一句更見懇切。字也越來越好了。」「看他對上一句什麼，」又一個說。[17]

不僅含有冷峻的反諷意味，而且也進一步補足了潘先生這個人物的性格：不滿於現實、又屈服於現實。再如《李太太的頭髮》的結尾：

16　見《葉聖陶論創作》，上海文藝出版社，1952 年版。
17　《葉聖陶文集》（一）第 420 頁。

> 渡江的孫軍終於完全覆沒，這在李太太當然猶如奪還了生
> 命。但同時接到教育局免她校長職的通知，並沒有敘明什
> 麼原由，只叫她預備交代。她又被更深的悔恨拘囚住，一
> 時入於昏迷狀態，喃喃地說：「倒剪了頭髮……」[18]

　　這個結尾簡潔利落而充滿一種帶喜劇性的諷刺。末句最妙，言外之意是說「地位沒有保住，倒把頭髮丟了；早知如此，倒不如不剪，還留得一頭好看的頭髮在。」李太太患得患失的心理於此表現得更加神完氣足。

結　語

　　葉聖陶的短篇小說在思想和藝術兩個方面提供給我們的東西當然還不止上面所說的那些。他在長篇小說、童話、尤其是散文方面的成就也應當給以應有的評價，但那已在本文的範圍以外了。葉聖陶是廿年代的代表作家，他的作品在新文學運動的早期曾經起過不容忽視的作用。在半個世紀後的今天，當我們回顧新文學的發展道路並期待著中國文學的光明未來時，對他的作品作一個全面的複習，我以為無論對文學史的研究者或有志於文學創作的人，都是必要的和有益的。因作此文，以紀念他在新文學運動中的業蹟，為中國新文學運動七十歲壽，為葉老將屆期頤賀。

> 一九八三年十二月作
> 一九八七年七月改定
> 於美國哥倫比亞大學

18　《葉聖陶文集》（三）第 11 頁。

　　此文曾發表於紐約《九州學刊》1989 年 12 月。三卷三期，文前有按語云：

　　海外忽聞葉老辭世，不勝驚悼之至。謹以此年前舊作，呈奠於葉老靈前。

一九八八年二月廿三日